教育与美好生活

[英] 伯特兰·罗素 ◎ 著
(Bertrand Russell)

姜华 ◎ 译

Education and the Good Life

中国社会科学出版社

图书在版编目（CIP）数据

教育与美好生活／（英）伯特兰·罗素著；姜华译．—— 北京：中国社会科学出版社，2025.2． —— ISBN 978-7-5227-5052-1

Ⅰ．G40

中国国家版本馆 CIP 数据核字第 20255VM049 号

出版人	赵剑英	
责任编辑	梁世超	
责任校对	韩海超	
责任印制	戴　宽	

出　　版	中国社会科学出版社
社　　址	北京鼓楼西大街甲 158 号
邮　　编	100720
网　　址	http://www.csspw.cn
发 行 部	010-84083685
门 市 部	010-84029450
经　　销	新华书店及其他书店

印刷装订	北京君升印刷有限公司
版　　次	2025 年 2 月第 1 版
印　　次	2025 年 2 月第 1 次印刷

开　　本	880×1230　1/32
印　　张	7
字　　数	158 千字
定　　价	48.00 元

凡购买中国社会科学出版社图书，如有质量问题请与本社营销中心联系调换
电话：010-84083683
版权所有　侵权必究

译者前言

罗素（Bertrand Russell，1872—1970）是 20 世纪最卓越的哲学家之一，也是数学家、逻辑学家、诺贝尔文学奖获得者；相较之下，他作为教育思想家和教育活动家的身份却相对受到忽视。罗素的许多著作都论及教育问题，他还与夫人共同创办过一所实验性的寄宿制学校并任校长。较之他的哲学、政治思想，罗素的教育思想并不逊色。

本书是罗素最有影响的教育学著作，于 1926 年面世，出版后在一年之间重版了 6 次，成为 20 世纪经典教育论著之一。书中，罗素分别站在家长、教师、学生和社会的角度，对品性教育和智力教育进行了深入剖析。全书体量不大，除一个简短的引言外，总共 19 章，分为三编。该书的前两章构成了第一编，整体论述现代教育的基本原理和目的。第二编包括 11 章，主要谈论品性教育（道德教育）。第三编的 6 章探讨了智力教育（知识教育）。

在品性教育方面，罗素认为有四种品性共同构成了理想人格的基础：活力、勇敢、敏锐和理智。在对西方教育思想继承发展的基础上，罗素又赋予了这些品性新特点。比如探讨勇敢的时候，罗素的心理学阐释令人耳目一新。罗素希望通过四种品性的培养最终建立一个新的美好社会："拥有教育所能培养出的最高程度的活力、勇敢、敏锐和理智的男女两性组成的社会，将与迄今为止存在过的任何社会都大不相同。很少有人会不幸福。"这也体现了罗素通过改造人性来改造社会的基本理念。

在智力教育方面，罗素的着墨不及品性教育多，但见解依旧不凡。关于智力教育，罗素认为，"应出于智力发展的目的，而非为了证明某种道德或政治结论"。他认为，智力教育最重要的品质有：好奇心、开放的心态、知识难求却可得的信念、耐心、勤奋、专注和精确。罗素非常看重好奇心，重视让学生更频繁、更强烈地感受到精神上的冒险，主张让学生主动求知，而非被动受教，而这会使"教育成为一桩乐事"。

在《教育与美好生活》中，罗素还提出了有关伙伴的重要性等命题，分析了多子女家庭在这方面的独特作用，这在我国从独生子女家庭向多子女家庭迈进的当下，意义尤大。总之，罗素的教育思想、方法等，并没有因时光流逝而蒙尘，相反，其影响依旧深远，光芒愈发闪耀。

原书有英国、美国两个版本，拙译依据的是美国版本《教育与美好生活》(*Education and the Good Life*)。译者虽已勉力，但译文仍难免疏失讹误，恳请并感谢广大读者不吝指正。

目 录

引言…………1

第一编 教育与美好生活

第一章 现代教育理论的基本原理…………3
第二章 教育的目的…………26

第二编 品性教育

第三章 初生之年…………55
第四章 恐惧…………64
第五章 游戏与想象…………79
第六章 建设…………88
第七章 自私与财产…………96
第八章 诚实…………103
第九章 惩罚…………110
第十章 同伴的重要性…………119
第十一章 爱与同情…………125

第十二章　性教育…………140

第十三章　幼儿园…………150

第三编　智力教育

第十四章　一般原则…………163

第十五章　14 岁前的学校课程…………178

第十六章　最后的学年…………189

第十七章　走读学校和寄宿学校…………198

第十八章　大学…………204

第十九章　结论…………212

引　言

　　世界上肯定有许多像本书作者一样的父母,他们渴望尽可能地教育好年幼的孩子,但又不愿让现有教育机构大多存在的弊端影响到孩子。这些家长的困难单靠个体的努力无法解决。诚然,聘请家庭教师和私人教师在家里培养孩子也可行,但这种方式剥夺了孩子们天性中渴望的玩伴,而没有这种友朋关系,教育的某些基本要素必然缺乏。此外,让孩子觉得自己"不合群"(odd)或与众不同是极为有害的,如果把这种感觉的原因归咎于父母,几乎肯定会引发孩子对父母的怨恨,导致凡父母所反对,他们皆拥戴。或许正是出于这些考虑,尽责的家长可能会无奈地把孩子送到那些他们明知有严重缺陷的学校,只因为在他们看来,现存的学校都不尽如人意;或者即便有满意的,也不在左近。因此,对那些尽责的父母而言,推行教育改革势在必行,这不仅是为了社会的利益,也是为了他们自己孩子的利益。如果家境优渥,要解决他们的个人问题,不需要所有的学校都得好,只需要附近有所好学校。但对于工薪阶层的父母来说,除非小学教育有所改革,否则他们的需求就难以满足。鉴于有的家长会反对其他家长所希望的改革,因此,除了开展有力的教育宣传外,别无他法;而这种宣传的成效在改革者的子女长大成人之后很久,才能被证明。就这样,出于对自己孩子的爱,我们将一步步进入更广阔的政治学和哲学领域。

在接下来的篇章中,我希望尽可能远离这一广阔的领域。我必须阐述的大部分内容,将不依赖于我对我们时代的主要争议所碰巧持有的那些观点。但在这方面要做到完全独立是不可能的。我们希望给予孩子的教育,必定取决于我们对人类理想品性的设想,以及我们对这些品性在社会中所发挥作用的期冀。和平主义者不会希望他们的子女接受有利于军国主义者的教育;共产主义的教育观也不会与个人主义的相同。更根本的分歧则在于:有些人认为教育是灌输某些绝对信条的手段,有些人认为教育应培养独立判断能力——二者之间并无共识。当涉及此类问题时,回避它们是徒劳的。与此同时,心理学和教育学中已经有了为数可观的新知识,它们独立于上述根本问题,而与教育密切相关。这些知识已经取得了非常重要的成果,然而在其教益被完全领受之前,还有大量工作要做。人生的头五年尤其如此;人们发现,这五年所具有的重要性比过去所认为的要大得多,这意味着父母在教育上的重要性也相应增加了。我的宗旨和目标是尽可能避免争议性问题。在某些领域,论战式写作是必要的;但是,在向为人父母者讲话时,我们可以认定"父母之爱子,则为之计深远"之真诚,而仅凭这一点,再加上现代知识,就足以解决大量教育问题。我必须陈说的见解源于我关于自己孩子的一些困惑;因此,这些见解既不冷僻,也不流于理论,无论其他父母是否同意我的看法,

引　言

我希望这些见解有助于厘清他们面对的类似困惑。家长的观念非常重要，因为由于缺乏专业知识，父母往往成为最优秀教育工作者的拖累。我相信，如果家长们希望孩子受到良好的教育，愿意并能够提供这种教育的教师不在少数。

接下来，我打算首先探讨教育的目标：通过因材施教的方式，我们可以合理地希望培养出怎样的个体，成就怎样的社会。我不谈论人种改良问题，无论是通过优生学还是其他任何自然或人工的方法，因为这本质上不属于教育问题的范畴。但是，我非常重视现代心理学的发现，它们倾向于表明，品性在很大程度上是由早期教育决定的，其程度远超过去那些最具激情的教育家所认为的。我把品性教育（education of character）和知识教育（education in knowledge）区分开来，后者在严格意义上被称为教学（instruction）。这种区分是有益的，尽管做不到壁垒分明：学生要获得知识必须具备某些美德，而要成功践行许多重要的美德，又需要不少知识。不过，为了便于讨论，可以把教学与品性教育分开。我将首先讨论品性教育，因为它在人生早期尤为重要；但我将把这个话题的讨论延续到青春期，并在这个标题下讨论重要的性教育问题。最后，我将讨论智力教育（intellectual education），包括其目标、课程及前景，从幼年的阅读和写作启蒙课程开始，谈到大学毕业。至于人们从生活和世界中获得进一步的教育，不在我的讨论范围之内；但使人有能力从经验中学习，应该是早期教育最看重的目标之一。

第一编

教育与美好生活

第一章 现代教育理论的基本原理

当阅读往昔撰写的教育论著时——即使是最优秀的那些，人们也会意识到教育理论发生了某些变化。19世纪之前，教育理论的两位伟大改革者是洛克和卢梭①。两人都实至名归，因为他们都批驳了当时普遍存在的诸多谬见。然而，在两人各自的研究方向上，几乎所有的现代教育家都超越了他们。例如，两人都倾向自由主义和民主主义，但他们都只考虑贵族子弟的教育，而这需要一个人耗费全部时间去专心为之。无论这种体制有多么成效斐然，持有现代观念的人都不会认真考虑它，因为每个儿童都要占用一个成年教师的全部时间，这从数学角度来讲是不可能的。因此，这种体制只能为特权阶层所采用；在一个公平的社会里，它不可能存在。现代人虽然也会实际地为自己的孩子寻求特殊的好处，但他们认为，除非某种教育方法能面向所有人，或者至少面向所有有能力从中受益的人，这一理论问题才能解决。我的意思并不是要富人立即放弃

---

① 洛克（John Locke，1632—1704），英国哲学家。卢梭（Jean-Jacques Rousseau，1712—1778），法国哲学家。洛克的《教育漫话》、卢梭的《爱弥儿》是西方教育思想史上里程碑式的著作。——译者注

现实社会中尚未人人拥有的教育机会。这样做，就等于为公平牺牲了文明。我的真正意思是，我们未来致力于构建的教育体系，必须给每个孩子提供现有的最好教育的机会。理想的教育体制必须是民主的，尽管这一理想不可能一蹴而就。我想，如今这一点已得到相当广泛的认同。在这个意义上，我会将民主理念谨记于心。我所主张的一切都将是具有普适性的，但与此同时，如果某人有能力和机会使他的孩子获得更好的教育，他也不应当把孩子作为一般教育弊端的祭牲。在洛克和卢梭的论著中，甚至连这种非常弱化的民主原则都找不到。尽管卢梭并不信奉贵族体制，但在教育方面他并没有贯彻这种怀疑精神。

澄清民主和教育的关系是个重要问题。坚持绝对的平等将是灾难性的。有些孩子比其他孩子聪慧，他们可从更高层次的教育中获益更多。有些教师受过更好的培训，或有更好的禀赋，但不可能让所有人都由少数最优秀的教师来教导。即便人人都接受最高层次的教育是可取的（对此我表示怀疑），但目前也不可能实现。因此，如果生硬地运用民主原则，可能会得出人人都不应接受这种教育的结论。倘若采纳这种观点，对科学进步将造成致命打击，并使今后一百年的总体教育水平处于无谓的低下状态。当下，我们不应为了机械的平等而牺牲进步；我们必须审慎地推进教育民主，以便在这一过程中尽可能少地破坏那些碰巧已与社会不公相联系的宝贵成果。

但是，如果一种教育方法不能普及，我们就不能认为它是令人满意的。富家子女除了母亲之外，往往还有奶妈、保姆，还享受其他佣人的服侍；在任何社会制度下，这种待遇都不可能给予所有孩子。被过度照料的孩子是否真的因这种不必要的寄生状态而受益，这一点非常值得怀疑，不过任何情况下，任何公正的人都不会赞成给少数人以特殊优待，除非出于特殊原因，比如智力低下或天赋异禀。如今，只要能做到，明智的家长很可能会为子女选择某种事实上并不普及的教育方法；为试验起见，家长们有机会尝试新的方法，这是好事。但是，这些方法如能被发现产生良好效果，就应该是可以普及的，而不是从本质上就只局限于少数特权阶层。值得庆幸的是，现代教育理论和实践中一些最佳要素有着极其民主的起源；例如，蒙台梭利女士①的工作就始于贫民区的幼儿园。在高等教育中，为特殊人才提供特殊机会是必要的，但除此之外，没有理由让任何一个孩子因为选择了面向公众的教育体制而吃亏。

教育中还有另一种现代趋势，它与民主有关，或许更有讨论的余地——我指的是使教育变得实用而非流于装饰的趋势。凡勃伦已在其著作《有闲阶级论》②中深入阐述了装饰与贵族的关系，但我们只关注其教育方面的关系。在男子教育中，这个问题与古典教育和"现代"教育之间的争议息息相关；在女子教育中，它包含在"淑女"（gentlewoman）理想与培养女孩自立自强的愿望的冲突当中。但是，举凡与女子有关的教育问题都被性别平等的渴望所扭曲：有人试图使女孩获得与男孩同样的教育，即便这种教育本身绝非有益。因此，那些致力于女

---

① 蒙台梭利（Maria Montessori，1870—1952），意大利教育家，蒙台梭利教育法创始者，尊重儿童的主动探索，1907年在罗马创办幼儿学校"儿童之家"。——译者注

② 凡勃伦（Thorstein B. Veblen，1857—1929），美国经济学家、社会学家，其代表作《有闲阶级论》揭示了有闲阶级的生活方式和消费心理。——译者注

性教育的人便以此为目标：让女孩掌握与同班男孩相同的"无用"知识，并极力反对这一观念——为成为母亲进行专门训练也应成为女子教育的一部分。这些相互矛盾的思潮使我正在考察的教育趋势，在与女性有关的某些方面变得不甚明晰，尽管"闺秀"（fine lady）这一理想的衰落是这种趋势最引人注目的例子之一。为了避免混淆问题，我暂且只谈男子教育。

许多引发其他问题的独立争论，都在某种程度上取决于我们现在所讨论的问题。男生应以学习古典学科为主，还是以学习科学学科为主？在诸多考虑因素中，其中一点是古典学科是装饰性的，而科学学科是实用性的。教育是否应尽快成为某些行业或职业的技术培训？这又跟实用性和装饰性的争论相关，虽然不是决定性的。应教导儿童既能准确地发音，又具有优雅的仪表，还是说这些仅仅是贵族阶层遗留下来的东西？艺术鉴赏这件事对于艺术家之外的人有任何价值吗？拼写是否应该按照语音规则来进行？所有这些以及其他许多争论，部分都是以实用性和装饰性的争论为依据展开的。

然而，我相信所有争论都是不着边际的。只要精确界定相关术语，争论就消失了。如果我们对"实用的"（useful）作广义解释并对"装饰的"（ornamental）作狭义解释，一方观点会占上风；反之，则另一方观点占上风。从"实用"一词最宽泛也最准确的意义上讲，一项活动如果能产生良好的结果，它就是"实用的"。而这些结果除了"实用的"之外，还必须在其他意义上是"好的"，否则我们就没有真正的定义。我们不能说一项实用的活动是具有实用结果的活动。所谓"实用"的本质在于它有助于达成某种并非仅仅是实用的结

第一章 现代教育理论的基本原理

果。有时,要达到可以简单称为"好"的最终结果,需要一长串连锁的结果。犁之所以有用,是因为它能耕地。但耕地本身无所谓好坏:耕地之所以能成为有用的,因为它能让种子得以播种。播种之所以有用,是因为它能产出粮食;粮食之所以有用,是因为它能产出面包;面包之所以有用,是因为它能维持生命。但是,生命必须具有某种内在价值:如果生命仅仅作为其他生命的工具而有用,那它根本就谈不上有用。生命之好坏取决于其具体情况;如果生命是实现美好生活的手段,它也可能是有用的。我们一定会在某个地方超越一连串的功利链条,找到一个悬挂链条的钉子;否则,链条中的任何一环都没有真正的实用性。当以这种方式定义"实用"时,教育是否应当实用就毫无疑问了。教育当然应该是实用的,因为教育的过程是达到目的的手段,而不是目的本身。但这并非教育功利论者心中所想。他们极力主张教育的结果应该是有用的:直白地讲,他们认为受过教育的人就是懂得如何制造机器的人。如果我们问机器有什么用,最终的回答是它们为我们的身体生产必需品和舒适的生活用品——食物、衣物、房屋等。由此我们发现,那些观点值得商榷的功利论者是这样一种人,他们只赋予物质满足以内在价值:对他来说,"实用"就是能帮助我们满足身体的需要和欲望。倘若这就是功利论者的本意,那么在一个普遍忍饥挨饿的社会里,他们可能是合适的政治家,因为在那时,物质需求的满足比其他任何事情都更为迫切;但如果这是在阐述一种终极哲学,他们必错无疑。

在考虑这场争论的另一方时,也需要进行大致相同的剖析。把另一方称为"装饰",是对倡导功利主义者的一个让步，因为"装饰"多少有点无关紧要的意涵。用"装饰"一词来形容传统观念中的"绅士"或者"淑女"，极为贴切。18世纪的绅士说话带着优雅的口音，恰到好处地引经据典，穿着时髦，熟知礼节，还知道何时决斗能扬名立万。《夺发记》[①]中有一个人：

> 鼻嗅琥珀烟壶，虚荣尽现；
> 手执云纹藤杖，姿势翩跹。

他所受的只是最狭义的装饰性教育，在我们这个时代，很少有人富有到可以享有这样的教育。旧时理想的"装饰"教育是贵族式的：它以存在一个拥有大量财富且无须工作的阶级为先决条件。回顾历史时，我们会发现绅士淑女们都魅力四射；他们的回忆录和乡间别墅给了某种我们无法给自己的后代提供的愉悦。但这种精致即便真实也绝不高贵，这些都是极端奢侈的产物：贺加斯的《杜松子酒巷》[②]生动地展示了为之付出的代价。如今，没有人会提倡这种狭义的装饰教育了。

但这并非真正的问题所在。真正的问题是：在教育中，我们应当旨在灌输具有直接实际效用的知识，还是应努力赋予学生那些其本身就足够好的精神财富？知道 1 英尺有 12 英寸、1 码有 3 英尺是有用的，但这些知识没有内在价值；对于那些生

---

① 《夺发记》，英国诗人蒲柏（Alexander Pope, 1688—1744）的长篇英雄滑稽诗，对当时英国上流社会的虚荣、无聊行了讽喻。——译者注
② 贺加斯（William Hogarth, 1697—1764），英国画家。18世纪，杜松子酒在英国穷人中广泛流行，贺加斯创作了版画《杜松子酒巷》（Gin Lane），揭示了过度饮用该酒给社会带来的严重危害。——译者注

活在米制①地区的人来说，这些知识毫无用处。另一方面，赏鉴《哈姆雷特》②在实际生活中并没有太大用处，除非碰到某人想杀死他的叔叔这种极罕见的情形；但它给了人一笔精神财富——如果没有它会令人遗憾，拥有它则会让人在某种意义上成为一个更优秀的人。主张功利并非教育的唯一目的的人，更为看重后一种知识。

在功利教育倡导者与反对者的争论中，似乎包含着三个不同的实质性争论点。首先是贵族主义者与民主主义者之间的争论，前者认为，特权阶级应该学会以自己喜欢的方式利用闲暇，而从属阶级应该学会以有益他人的方式劳动。民主主义者对这种观点的反驳往往有些混乱：他们反感向贵族阶层传授缺乏实用价值的东西，与此同时又声称工薪阶层的教育不应以实用为限。因此，我们可以看到，民主主义者反对公立学校中老式的古典教育，同时又要求工人有机会学习拉丁文和希腊文③。这种态度尽管可能在理论上不够清晰，但在实践中总体上是正确的。民主主义者不希望把社会分裂为两个部分，一部分崇尚实用，另一部分则讲究装饰；因此他主张给至今一味崇

---

① 米制，又称公制，一种国际通用的计量制度，基本单位是千克和米。英、美等国使用英制，基本单位是磅和码。——译者注

② 《哈姆雷特》是英国剧作家威廉·莎士比亚（William Shakespeare，1564—1616）创作的四大悲剧之一，讲述丹麦王子哈姆雷特得知父亲被叔父谋杀后，向叔父展开复仇的悲剧故事。——译者注

③ 5—18世纪，拉丁文长期作为欧洲教会、学术及外交通用语，承载基督教神学与罗马法统，希腊文则维系古典哲学、科学遗产，二者构成欧洲古典教育的基石。罗素生活的时代，拉丁文和希腊文在英国乃至欧洲的精英教育体系中仍占据重要地位，但已开始面临挑战，处于逐渐衰退的过渡期。——译者注

尚装饰的阶级更多纯粹实用的知识,而给至今一味崇尚实用的阶级更多能怡情悦性的知识。但是,民主本身并不能决定这些成分的混合比例。

其次是物质利益至上者与精神愉悦崇尚者之争。如果生活优渥的现代英国人和美国人被施以魔法传送到伊丽莎白时代①,他们大多数会希望回到现代世界。那时的社会虽有莎士比亚、雷利和菲利普·西德尼爵士这样的名人雅士②,有绝妙的音乐、美丽的建筑,但如果缺少浴室、茶和咖啡、汽车及其他不为那个时代所知的物质享受,他们是不会感到满足的。这类人,除非受到保守传统的熏陶,否则往往认为教育的主要目的是增加商品的数量和种类。他们可能会接受医学和卫生学,但不会对文学、艺术或哲学抱有任何热情。毫无疑问,正是这类人构成了攻击文艺复兴时期所设置的古典课程的主要推动力。

我认为,仅仅通过主张精神产品比单纯的物质产品更有价值来回应这种态度是不公平的。我相信这一主张是正确的,但不是全部真理。因为,虽然物质产品没有很高的价值,但物质上的灾难(physical evils)却是如此之坏,可能严重压制精神上的卓越。自从人类有了先见之明,饥饿、疾病以及对它们无时不在的恐惧,已经笼罩了绝大多数人的生命。大多数鸟类死于饥饿,但它们在食物充足时却很快乐,因为它们不考虑未来。

---

① 伊丽莎白时代(1533—1603),即女王伊丽莎白一世(Elizabeth I)统治时期,是英国历史上的黄金时代。——译者注

② 雷利(Walter Raleigh,约1552—1618),英国诗人、探险家、政治家,曾为英国在新大陆的扩张铺路。菲利普·西德尼爵士(Sir Philip Sydney,1554—1586),英国诗人、政治家,因将救治机会让给伤兵而去世,被视为骑士精神的代言。——译者注

第一章　现代教育理论的基本原理

而在饥荒中幸存下来的农民会永远被记忆和忧惧所困扰。人愿意为微薄的收入长时间劳作而不愿死去，而动物则只要可能便及时行乐，即使以死作代价。因此，大多数人忍受了几乎毫无乐趣的生活，因为若不如此就将短寿。由于工业革命及其副产品，有史以来，创造一个人人都有合理的幸福机会的世界，首次成为可能。只要我们愿意，物质上的灾难可以减至极低程度。通过组织和科学手段，养活和安置全世界的人口是完全有可能的，虽不至奢华，但足以避免巨大的苦难。疾病可以得到防治，慢性病也会变得极为罕见。防止人口增长超过粮食供应的增长也将成为可能。曾使人类潜意识变得幽暗，带来残酷、压迫和战争的大恐慌①也会大大减少，以至变得无关紧要。所有这一切对人类生活都具有不可估量的价值，因此，我们岂敢反对有助于实现这一切的那种教育。在这种教育中，应用科学必须是主要的组成部分。没有物理学、生理学和心理学，我们就无法建设新世界。但没有拉丁文和希腊文，没有但丁和莎士比亚，没有巴赫和莫扎特，②我们依旧能建设新世界。这就是支持功利主义教育的重要论据。我极力阐述过这一点，因为对此有切肤之感。然而，问题还有另一面。如果没有人知道如何利用闲暇

---

① 大恐慌（great terror），指的是疾病及饥荒等导致的深层恐惧长期作用于人类心理，引发了集体生存焦虑，因此使人类潜意识趋向邪恶。——译者注

② 但丁（Dante Alighieri，1265—1321），意大利诗人、哲学家，欧洲文艺复兴的先驱之一，代表作为《神曲》。巴赫（Johann Bach，1685—1750），德国作曲家，被称为"西方近代音乐之父"；莫扎特（Wolfgang Mozart，1756—1791），奥地利作曲家，欧洲最伟大的古典主义音乐家之一。——译者注

和健康，获取它们又有何益处呢？与任何其他战争一样，反对物质弊端的战争绝不能如此狂热，以致使人们失却了和平的艺术。绝不能让世界所拥有的至善之物在与邪恶的斗争中消亡。

这就引出了我们的第三个争论点。是否只有无用的知识才具有内在价值？是否任何有内在价值的知识都是无用的？就我而言，我年轻时花了相当多的时间学习拉丁文和希腊文，现在我认为这几乎完全是浪费光阴。古典知识对我日后生活所关心的任何问题都没有丝毫助益。跟百分之九十九的古典学学习者一样，我对古典学科从未达到精通的程度，无法产生阅读愉悦。我学到了一些东西，比如"supellex"一词的所有格之类的，至今都忘不了。这些知识的内在价值并不比"1码有3英尺"更多；对我来说，它的作用仅限于为我提供现在的例证。另一方面，我所学到的数学和科学知识不仅具有巨大的实用价值，而且还具有重要的内在价值，因为它们提供了沉思和反省的主题，在这个充满欺骗的世界中还可作为真理的试金石。当然，这在一定程度上是个人偏好；但我确信，在现代人中，从古典学中获益的能力是一种更为罕见的特质。法国和德国也有宝贵的文学财富；它们的语言很容易学，而且有很多实际用途。因此，支持法语和德语的理由，跟反对拉丁文和希腊文的理由一样，都是压倒性的。我并非轻视这种没有直接实际用途的知识的重要性，但我认为我们可以合理地要求，除非目的是培养专业人才，这些知识的传授不应在语法等技术性内容上耗费大量的时间和精力。人类知识的总量和人类问题的复杂性都在不断增长；因此，若想有时间学习新东西，每一代人都必须改进其教育方法。我们必须通过妥协来保持平衡。教育中的人文知识必须保留,但必须充分简化,以便为其他知识留出空间——若缺乏这些知识,那么因科学而可能创造的新世界就永远只能是空中楼阁。

我无意暗示教育中的人文知识不如功利知识重要。了解一些文学名著、世界历史、音乐、绘画和建筑,对于充分发展想象力是必不可少的。只有通过想象,人们才能设想未来世界的可能样貌;没有想象,"进步"就会变得机械而乏味。但科学也能激发想象。我小时候,天文学和地质学在这方面给我的启发比英法德诸国的文学更多,我对其中许多名著的阅读都是被迫的,味同嚼蜡。这个问题因人而异:一个孩子从这个来源获得激励,另一个孩子从那个来源获得激励。我的建议是,如果对一门学科的掌握少不了艰深的技术性内容,这门学科就应当是实用的,否则就只适合专门人才的训练。在文艺复兴时期,使用现代语言写成的文学名著还很少,而现在则有很多。希腊传统中的许多有价值的东西可以传达给不懂希腊语的人;至于拉丁传统,其价值其实并不高。因此,对于天分一般的孩子,他们不需要头悬梁锥刺股般地去学习教育中的人文知识;在往后的几年中,一般来讲应将需要费力学习的部分限定在数学和科学上。但是,在其他学科上有强烈偏好或特殊天赋的孩子,不在此例中。凡事都要避免铁板一块。

在机械论文明[①]中,存在一种严重的危险,即极端功利主

[①] 机械论文明通常指代一种以机械论世界观为核心逻辑,将自然、社会乃至人类自身视为可预测、可控制的机器系统的文明形态。这种文明模式在近代西方工业革命后逐渐占据主导地位,深刻塑造了现代社会的技术、制度和思维方式。——译者注

义,这种功利主义为了所谓的"效率"而牺牲了生命的整个美学层面。也许我有些守旧,但我必须承认,我对那种认为语言仅是交流手段而不是美之载体的观点感到警惕。这种倾向是世界性的,不过在美国自然更为突出。在儿童基金会(Children's Foundation)出版的一本颇具权威性的书①中,我发现一些关于英语教学的言论似乎印证了我所反对的这种趋势,例如:

> 25年前,学生们要掌握一万到一万五千个单词,但过去20年间的调查发现,一般的高中毕业生在其学业和以后的生活中,最多只需要掌握三千个单词的拼写,除非他从事某种技术性的工作,可能需要掌握一些特殊的技术词汇。通常美国人写信时很少使用超过一千五百个不同的单词;我们中的许多人使用的单词还不到这个数的一半。基于这些事实,当今学校拼写课程的构建原则是:应掌握日常生活中实际使用的单词,以便能够自如拼写;而那些虽然以前教过,但以后可能不会用到的技术词汇和冷僻词汇正在被剔除。(第384页)

在我看来,这是最荒谬的本末倒置。尽管莎士比亚和弥尔顿皆不擅拼写,而且拼写的重要性纯粹只是约定俗成的,② 但

---

① "The Child: His Nature and His Needs", prepared under the editorial supervision of M. V. O' Shea, Professor of Education, University of Wisconsin, 1924. 我将用"奥谢"(O' Shea)来指这本书。

② 此处或可揭示正字法(orthography)的意识形态性。莎士比亚时代(16—17世纪)英语拼写尚未标准化;18世纪词典编纂运动将拼写规则化,本质是将语言作为国家治理工具。——译者注

第一章 现代教育理论的基本原理

人们仍然认为一个人应该知道如何正确拼写他要使用的单词。但是，为了这个微不足道的目的，居然有人甘愿牺牲对丰富词汇的教学；要知道没有这些词汇，就不可能写出好文章，甚至不可能理解好文章。重要的不是知道如何拼写单词，而是如何使用；很明显，儿童要学会拼写一万五千个单词而成人只使用一千五百个单词的时代是不懂这一点的。学会使用词汇的方法是常读、细读、精读某些名篇，而非泛泛阅览。但是，细读却不被鼓励。前面那本书里这样谈到学生：

> 他们接受的训练是尽可能快速地阅读，这样他们就不会由于关注单个词汇而中断对意义的把握，因为在阅读中精研单个词汇会耽搁并常常干扰对书中所含思想的理解过程。（第420页）

试问接受这种训练的学生能理解下面的诗句吗？

> 塞布瑞拉，美丽的女子啊，
> 你娴雅地坐于半透明的清流下。
> 请聆听我的心曲吧，
> 你百合花结成的辫子啊，
> 你琥珀色垂落的松散的秀发。[①]

[①] 诗句出自英国诗人弥尔顿（John Milton, 1608—1674）的诗剧《科马斯》。弥尔顿的代表作有《失乐园》《论出版自由》等。——译者注

毫无疑问，有人会说，现代人没有时间去做诸如欣赏伟大诗篇之类的琐事。然而，说这话的人却愿意花大量时间去教导年轻人如何科学地相互残杀。这无疑是功利主义哲学的归谬论证①。

到目前为止，我们一直在探讨应该传授何种知识。我现在要谈谈另外一些问题，有的涉及教学方法，有的涉及道德教育和品性培养。这里涉及的不再是政治学，而是心理学和伦理学。直到最近，心理学还只是纯粹的学术研究，很少应用于实际事务。现在这一切都不同了。例如，我们有了工业心理学、临床心理学、教育心理学，它们都属于最具实践重要性之列。我们可以希望并期冀在不久的将来，心理学对我们社会制度的影响将迅速扩大；至少，在教育领域，它已经产生了显著且有益的效果。

让我们先来谈谈"纪律"问题。以前的纪律观念很简单。一个孩子被命令去做他不喜欢做的事情，或者被禁止做他喜欢的事情。如果他不服从命令，就会受到体罚，或者在极端的情况下，会被关禁闭，只给面包和水。例如，读读《费尔柴尔德家族》②中描写小亨利怎样学习拉丁文那章就知道了。他被告知，如果不学会拉丁文，就永远没有希望成为牧师③；尽管

---

① 归谬论证（reductio ad absurdum）是一种经典的逻辑论证方法，其核心是通过假设对手的观点为真，进而推导出逻辑上矛盾或明显荒谬的结论，从而证明原观点不成立。——译者注

② 《费尔柴尔德家族》，英国儿童文学作家玛丽·舍伍德（Mary Martha Sherwood, 1775—1851）的作品，是维多利亚时代家庭教育的典型范本。——译者注

③ 天主教会规定拉丁文为唯一合法语言，直至20世纪中期，牧师须精通拉丁文以阅读教父著作、主持弥撒和参与教会管理。——译者注

有这个警告，这个小男孩没有像父亲期望的那样认真读书。于是，他被关在阁楼上，只给他面包和水，还禁止他和姊妹们说话。姊妹们则被告知小亨利是家族之耻，不能和他有任何来往。不过，还是有个姊妹给他送了些食物。男仆告发了她，她也惹上了麻烦。在关了一段时间之后，据说这个男孩开始喜欢上了拉丁文，并且从此勤奋学习。与此相映成趣的是契诃夫①的叔叔教小猫捉老鼠的故事。这位叔叔把一只老鼠带进小猫所在的房间，但小猫的狩猎本能尚未发展成熟，根本不理会老鼠。于是他打了它。其后几天，这套流程天天上演。最后，教授终于相信它是只愚蠢的小猫——孺子不可教。后来，虽然这只猫其他各方面都正常，但一看到老鼠就会吓得冒汗，撒腿就跑。"就像这只小猫一样，"契诃夫总结道，"我有幸由我的叔叔教拉丁文。"这两个故事说明了旧的纪律和现代对它的反抗。

但是，现代教育家并未简单地摒弃纪律，而是用新的方法来维护纪律。在这个问题上，那些不了解新方法的人往往会产生误解。我一直以为蒙台梭利女士抛弃了纪律，还曾好奇她是如何管理一屋子孩子的。读了她自己对教学方法的描述后，我发现纪律仍占有重要地位，她并没有试图抛弃纪律。当我把3岁的儿子送到一所蒙台梭利学校，让他在那儿度过每个上午之后，我发现他很快就变得更加守纪律了，而且欣然遵守学校的规章制度。但他丝毫没有感到外界的强制：那些规则就像游戏规则一样，遵守它们是为了从中获得乐趣。过去人们认为儿童

---

① 契诃夫（Anton Chekhov, 1860—1904），俄国批判现实主义作家，以《变色龙》《套中人》等闻名。——译者注

不可能愿意学习，只能靠恐吓来迫使他们学习。现在人们发现，这完全是由于缺乏教育技巧造成的。通过将必须学习的内容——比如，阅读和写作——分成合适的阶段，每个阶段都能让普通孩子愉快接受。当孩子们在做自己喜欢的事情时，当然就没有理由进行外部约束，订立几条简单的规则就够了，例如，任何儿童都不得干扰另一个儿童，任何儿童都不得同时拥有一种以上的教具，这些规则容易理解，合情合理，因此要让他们遵守这些规则并不难。这样一来，孩子就养成了自律，这既包括良好的习惯，也包括在具体事例中认识到，有时为了最终的收获而克制一时的冲动是值得的。一直以来，人们都知道在游戏时很容易获得这种自律，但没人想到获取知识也能变得足够有趣，从而激发同样的动机。我们现在知道这是可能的，不仅幼儿教育中要如此实施，所有阶段的教育都应这么做。我并不是说这很容易。与教育学有关的发现需要天才，但应用这些发现的教师并不需要天赋。他们所需要的只是恰当的训练，以及一定程度的、绝非不寻常的同情心和耐心。其基本理念很简单：好的纪律并非产生于外在的强制，而在于养成一种自发地导向喜好的而非厌恶的活动的心理习惯。令人称叹的是，在寻求体现这一教育思想的技术方法上，已取得巨大成功。为此，蒙台梭利女士配得最高的褒扬。

教育方法的改变在很大程度上受到了原罪①信仰衰落的影响。现已几乎绝迹的传统观念是：我们生来都是"愤怒之

---

① 原罪（original sin）是基督教神学中的核心概念。《圣经》中，亚当和夏娃违背上帝旨意，吃了分辨善恶树的果子，从而犯下了罪。人类的本性因此被原罪污染，依靠上帝的恩典才能获得救赎。——译者注

子",天性充满邪恶;在我们内心有任何善性之前,先得成为"恩典之子",① 而不断的责罚会大大加快这一过程。大多数现代人都难以相信,这种理论对我们先辈的教育产生了多大的影响。迪恩·斯坦利②所撰阿诺德博士③传记中的两段引文就可证明,现代人的怀疑是错误的。迪恩·斯坦利是阿诺德博士的得意门生,是《汤姆·布朗的求学时代》④一书中描写的好学生亚瑟⑤式的人物。他是本书作者的表兄,我小时候曾由他带领参观过威斯敏斯特教堂⑥。阿诺德博士是我国公学⑦的伟大

---

① 二者都源于基督教神学中关于人性与救赎的核心教义。愤怒之子(Children of Wrath):人类因始祖亚当的堕落而继承原罪,本性全然败坏,无法凭自身行出真正的善。恩典之子(Children of Grace):唯有通过神的主动拣选与基督的救赎,人才能重生。——译者注

② 迪恩·斯坦利(Dean Stanley,1815—1881),英国牧师和学者,曾任威斯敏斯特教堂的主任牧师,著作有《阿诺德生平》等。——译者注

③ 阿诺德(Thomas Arnold,1795—1842),英国教育家,重视在教育中塑造道德品格、宗教信仰,将拉格比公学打造为当时英国公学的典范。——译者注

④ 《汤姆·布朗的求学时代》(*Tom Brown's School Days*)是英国作家休斯(Thomas Hughes,1822—1896)的代表作,以作者早年在拉格比公学的求学经历为蓝本,对公学生活作了生动刻画,并描述了阿诺德所推行的教育改革。——译者注

⑤ 亚瑟形象折射出19世纪英国公学教育改革的道德理想。他在信仰上虔诚谦卑,能以非暴力方式感化他人,处处体现出绅士责任,追求智性的纯粹而非功利性竞争。——译者注

⑥ 威斯敏斯特教堂(Westminster Abbey),又称西敏寺,英国文化和历史的象征,英国历代君主都在这里进行加冕仪式。——译者注

⑦ 公学,英国传统私立精英中学,起源于中世纪,多为寄宿制,以古典教育与贵族教养闻名,知名公学有伊顿公学、哈罗公学等。长期以来,公学只为上层阶级子女提供教育,后逐渐开放,但仍以高学费和严格选拔著称,深刻影响英国社会精英文化。——译者注

改革者，公学被视为英国的荣耀之一，人们至今仍大体按他的原则办学。因此，在议及阿诺德博士时，我们不是在讨论遥远的过去，而是在讨论至今仍在有效塑造英国上层人士的事物。阿诺德博士减少了鞭罚，只对较幼小的男童实施，而且据其传记作者所述，鞭罚仅限于"道德过错，如撒谎、酗酒和懒惰成性"。但是，当一份自由派刊物提出鞭罚是一种有辱人格的惩罚，应该完全废除时，他却异常愤怒。他在报纸上回应道：

> 我深知这种说法要表达什么感受；它起源于个人独立这种自负的观念，然而这种观念既不合乎理性，也不符合基督教教义，实质上乃是野蛮人的东西。它曾带着对骑士时代的种种诅咒降临欧洲，如今又携着对雅各宾主义①的攻讦威胁着我们。……在这个时代，已几乎不可能对犯罪和过错产生真正具有男子汉气概的耻辱感，鼓吹关于人格修正这种荒诞的耻辱感，又有什么智慧可言？心灵的纯朴、清醒和谦逊是年轻人的最好装饰，也是高贵男子气概最庄严的承诺，相形之下，还有比上述观念更虚伪更南辕北辙的谬论吗？

由此，他的再传弟子们主张：当印度土著缺少"谦卑之心"时，就可以鞭打他们。——这再自然不过了。

---

① 雅各宾主义（Jacobinism）指18世纪法国大革命时期雅各宾派倡导的思潮，主张激进的社会改革和彻底的革命手段，以实现平等、公正和社会变革为目标。——译者注

第一章　现代教育理论的基本原理

还有一段话，斯特雷奇先生已经在《维多利亚时代名人传》①中部分引用过，但这段话实在太贴切了，我忍不住再引一次。阿诺德博士外出度假，科莫湖②的美景使他心旷神怡。他在给妻子的一封信中，对自己的享受方式描述如下：

> 环顾周遭美景，再想到道德的恶，不觉惶恐之至；似乎天堂与地狱并非被一道鸿沟彼此分隔，而是实实在在地相互毗邻，而且离我们每个人都咫尺之遥。但愿我的道德罪恶感能像对身外美景的喜悦一样强烈，因为深切的道德罪恶感较之任何其他事物，都蕴藏着更多的对上帝救赎的认知！只赞美美好的德行是不够的，我们可能只是嘴上赞美，而未必能做到切实践行；但是，如果我们真的痛恨罪恶，不是痛恨罪恶所寓之人，而是痛恨人身上所寓之罪恶，况且罪恶也寄存于我们自己内心——对这一点我们心知肚明，那么这就让我们拥有了上帝和基督的情感，并使我们的灵与上帝的灵相契合。唉！明白这一点并随便说说多么容易，践行它并有真切的思悟又是多么困难！谁在这些事情上能做到止于至善？一个都没有，有的只是深感自己无能为力并为此叹惜的人。我亲爱的妻子啊，愿上帝通过耶稣基督保佑你和我们亲爱的孩子们，

---

① 斯特雷奇（Lytton Strachey，1880—1932），英国传记作家，其《维多利亚时代名人传》（*Eminent Victorians*）强调对人物的客观审视和心理分析，使传记文学更加贴近人性和真实，开创了一种新的传记写作风格。——译者注

② 科莫湖（Lake of Como），位于阿尔卑斯山南麓的冰川湖，为意大利著名旅游胜地。——译者注

从现在直到永远。

看到这位生性和善的绅士陷入虐待狂的情绪中,他可以毫无顾忌地鞭打小男孩,而这一切给人的印象却是他在践行仁爱的宗教,这真是可悲可叹。当我们想到这个误入歧途的人时,固然有可哀之处;但想到他通过营造憎恶"道德罪恶"的氛围,而给世界带来一代又一代残暴之徒时,则不啻是一场悲剧。——记住,在他的认知里,"道德罪恶"是包括儿童的习惯性懒惰在内的。一旦想到正直的人们自以为义地打着惩处"道德罪恶"的旗号,竟犯下战争、酷刑和欺压之罪,我就不寒而栗。所幸,教育工作者已不再把小孩子视为魔鬼的化身。对待成人,尤其是在惩治犯罪方面,这种观念仍大行其道,但在幼儿园及学校,它已近乎荡然无存。

与阿诺德博士的观点相对立的另一种错误观念,危害要小得多,但从科学角度来看仍是一种错误,即认为孩子天生善良,只是濡染了他们长辈的恶行劣迹才变得堕落。这种观点传统上与卢梭相关;也许他在理论上持有这种观点,但当我们阅读《爱弥儿》① 后,就会发现学生在成为体制所要培养的完美典范之前,需要接受大量的道德训练。事实上,儿童生来既非"善"亦非"恶"。他们生来只有各种反射动作和一些本能;在环境的作用下,发展成各种习惯,可能是健康的也可能是不良的习惯。习惯究竟如何,主要取决于母亲或保姆的智慧,孩子的天性起初几乎有着令人难以置信的可塑性。在绝大多数儿

---

① 《爱弥儿》(*Emile*)是卢梭的教育学著作,在西方教育史上具有重要地位,对后世的教育理论和实践产生了深远影响。——译者注

童身上，既有着成为优秀公民的潜质，也有着沦为罪犯的可能。科学心理学表明，平日里体罚孩子、周日布道说教并不是培养美德的理想方法。但这并不意味着就没有实现这一目标的方法。我们很难否认塞缪尔·巴特勒①所说的从前的教育者以折磨儿童为乐的观点；否则，实在难以理解他们为何能长久不懈地让儿童蒙受无谓的痛苦。让一个健康的孩子快乐起来并不难，只要身心得到适当的照顾，多数孩子都会很健康。要想培养最优秀的人才，确保童年幸福是绝对必要的。如果能让儿童感觉到教育是在教他一些值得学的东西，被阿诺德博士视为一种"道德罪恶"的习成的懒惰就不会出现。②但倘若传授的知识毫无价值，传授知识的人又像是残酷的暴君，那么孩子自然会表现得如同契诃夫笔下的小猫。每个正常的孩子都拥有自发的求知欲，从他们努力学走路和说话便可见一斑，这种求知欲应该成为教育的动力。用这种动力代替棍棒教育堪称我们时代的一大进步。

这就引出了我在对现代教育趋势的考察中所要指出的最后一点：给予幼儿期更多关注。这与我们在品性培养方面观念的变化密切相关。旧观念认为，美德根本上取决于意志：我们被认为充满了邪念，只能凭借抽象的意志力加以控制。要根除邪念显然是不可能的，我们所能做的仅仅是控制它们。这种情形与罪犯和警察的关系极为相似。没人认为一个没有潜在罪犯的

---

① 塞缪尔·巴特勒（Samuel Butler，1835—1902），英国作家，其小说《众生之路》揭露了维多利亚时代中产阶级家庭的虚伪与压迫。——译者注

② 也许阿诺德博士的不少学生都患有腺样体肥大（adenoids），尽管这会导致习惯性怠惰，但却没有一个医生会建议以鞭罚对待他们的

社会是可能存在的,最多只能做到拥有一支高效的警察队伍,使大多数人不敢犯罪,而少数例外分子则会被抓获并受到惩罚。现代的犯罪心理学家并不满足于这种观点;他们认为,在大多数情况下,可以通过适当的教育来防止犯罪冲动的发生。适用于社会的同样适用于个人。儿童格外希望得到长辈和同伴的喜欢;他们通常会有一些冲动,这些冲动会根据他们所处的环境向好或坏的方向发展。此外,他们处于容易养成新习惯的年龄段,而良好的习惯可以使大部分美德几乎自动形成。另一方面,人们发现,旧式的美德任由邪念肆意蔓延,仅仅使用意志力去控制其表现,这远远不能提供防治不良行为的满意方法。邪念犹如被堤坝拦住的河水,随时准备逃脱意志的监视,另辟通路。年轻时有弑父念头的人,后来却在鞭打儿子时获得满足感,因为他觉得自己是在惩罚"道德罪恶"。那些为残忍行为辩护的理论,其根源几乎都在于意志使某种欲望偏离其自然轨道,被压入无意识部分,并最终改头换面,以对罪恶的憎恶或者其他某种看似高尚的形式出现。因此,用意志控制邪念,尽管有时是必要的,但作为一种培养美德的方法,则未必合适。

上述考量引导我们进入精神分析的领域。精神分析学的许多细节在我看来荒诞无稽,且缺乏充分的证据支持。不过,我认为精神分析的一般方法又实属重要,为创造道德训练的正确方法所必需。我认为,许多心理分析家赋予婴幼儿时期的重要性有些过头了;他们有时说得好像孩子3岁时性格就已经不可更改地定型了。我确信实情并非如此。但是,这种错误是在正确道路上的错误。幼儿心理学在过去被忽视了;事实上,理智主义方法的流行使人们几乎不会去研究儿童的心理。以睡眠这件事为例。所有的母亲都希望自己的孩子睡觉，因为这样有益孩子健康，大人也省事。她们想出了一个办法：晃动摇篮并唱安眠曲。后来，对这个问题进行科学研究的男人们发现，这种方法从理论上讲是错误的，因为尽管它可能在任何一天都奏效，但它会养成坏习惯。每个孩子都喜欢被人宠爱，因为这能满足他们的自我重要（self-importance）感。如果他发现不睡觉就能得到关注，将很快就学会采用这种方法，结果对健康和性格都有损害。这里最重要的是形成习惯：将床与睡眠联系起来。如果这种联系已经充分形成，孩子就不会躺着不睡，除非生病或受疼痛折磨。但是，这种联系的形成需要一定的训练；听之任之是实现不了的，因为这样会让孩子把躺着不睡和愉悦感受相联系。类似的考量也适用于其他各种好习惯和坏习惯的养成。这方面的研究整体上仍处于起步阶段，但其重要性已十分显著，而且几乎肯定会变得愈发重要。很显然，品性教育必须从出生时就开始，而且所需要使用的方法往往与保姆和无知母亲的实际做法相反。同样显而易见的是，明确的教导可以比以前认为的更早开始，因为它可以使婴儿感到愉快，而不会对其注意力造成负担。在这两方面，教育理论近年来都发生了根本性的变化，所带来的有益效果可能随着时间的推移而愈发明显。因此，我将在下文中首先详细探讨幼儿的品性培养，然后再讨论更大年龄孩子的教育问题。

第二章 教育的目的

在考虑如何进行教育之前,最好先明确我们希望取得何种成果。阿诺德博士向往"谦卑之心"(humbleness of mind),而这是亚里士多德所说的"慷慨之士"(magnanimous man)所不具备的品质。① 尼采的理想是非基督教式的,康德的理想同样如此:因为基督要求仁爱,而康德却教导说,以爱为动机的任何行为并非真正具有美德。② 即使人们对于美好品性的构成要素达成共识,对于这些要素的相对重要性也可能存在分歧。有人会强调勇气,有人注重学识,有人看重善良,还有人崇尚正直。像老布鲁图斯③这样的人,将对国家的责任置于亲

---

① 亚里士多德(Aristotle,前384—前322),古希腊著名的哲学家、科学家和教育家。阿诺德博士的"谦卑之心"植根于基督教伦理,强调自我降卑与对神的全然顺服;亚里士多德的"慷慨之士"追求卓越与荣誉,以理性自足为至高境界。——译者注

② 尼采(Friedrich Nietzsche,1844—1900)和康德(Immanuel Kant,1724—1804)都是对西方思想有重大影响的德国哲学家。尼采的"超人"理想主张权力意志对传统道德的超越;康德的道德律令则基于纯粹理性自律,独立于神恩。二者都强调人性自足而非神恩启示。——译者注

③ 老布鲁图斯(Marcus Junius Brutus the Elder),罗马共和国奠基人。其子布鲁图斯是杀害凯撒的主谋之一。——译者注

第二章　教育的目的

情之上；另一些人，比如孔子，会把亲情放在首位。所有这些分歧都会产生教育方面的差异。我们必须对希望培养的人才类型有一些概念，然后才能对我们认为最好的教育心中有数。

当然，也会有愚蠢的教育者，他们的教学成果与自己所定目标南辕北辙。乌利亚·希普①是某慈善学校谦卑课程的产物，该类课程的效果与其初衷简直大相径庭。但总的来说，最能干的教育家往往都相当成功。例如，中国的士大夫、现代日本人、耶稣会②士、阿诺德博士以及美国公立学校③教育方针的指导者们。他们都以各自不同的方式取得了巨大成功。他们各自所定的目标固然不同，但基本上都实现了初衷。在尝试确定我们自己应该以什么作为教育目的之前，花些时间探讨上述不同体制也许是值得的。

中国的传统教育在某些方面与鼎盛时期雅典的教育非常相似。雅典的男童须从头到尾背诵《荷马史诗》④；中国的男童同样要透彻地学习儒家经典。雅典人借由一些外在的仪式学习如何表达对众神的敬畏，且不对自由的理性思考设置障碍。同样，中国人也要学习与祖先崇拜有关的若干礼仪，但绝非一定要认同这些礼仪所暗示的信仰。从容又不失优雅的怀疑主

---

① 乌利亚·希普（Uriah Heep）是英国作家狄更斯（Charles Dickens，1812—1870）所著小说《大卫·科波菲尔》中的人物，集中了狄更斯对当时虚伪、贪婪、不择手段追求利益的人的批判和讽刺。——译者注

② 耶稣会是天主教的主要修会之一，1534年创立，致力于通过办教育来维护天主教会的利益，强调对教皇的绝对服从。——译者注

③ 美国公立学校是由联邦、州及地方政府税收资助的免费教育机构，面向所有适龄儿童及青少年，遵循公共教育标准。——译者注

④ 《荷马史诗》指《伊利亚特》与《奥德赛》，相传为古希腊盲诗人荷马（Homer，约前9—前8）创作，是西方文学的源头。——译者注

义是受过教育的成人应有的姿态,即任何事情都可以讨论,但若断然下定论,则略显鄙俗。各种观点应当是那种能在餐桌上愉快探讨的东西,而非让人们为之争斗。卡莱尔①称柏拉图为"一位高贵的雅典绅士,如在锡安②般悠然自得"。这种"如在锡安般悠然自得"的特质在中国的圣贤身上也能看到,但在基督教文明所孕育的圣贤身上,这种特质通常缺失,除非他像歌德③一样深受希腊精神④濡染。雅典人和中国人一样都愿意享受人生,而且他们的享乐观都因精致细腻的审美而得以升华。

然而,这两种文明之间也存在巨大差异,这些差异源于这一事实:总体而言,希腊人精力充沛,而中国人较为闲适。希腊人将精力投入到艺术、科学以及彼此征伐之中,并且在所有这些方面都取得了空前的成就。希腊人的精力实际地转化成了政治抱负和爱国精神:当一位政治家被赶下台时,他会带领一帮流亡者攻打他的母邦。当一位中国官员遭到贬黜,他便隐居山林,写诗吟咏田园生活的乐趣。因此,希腊文明自我毁灭了,而中国文明只能从外部被摧毁。然而,这些差异似乎不能完全归因于教育,因为在日本,儒教从未孕育出中国士大

---

① 卡莱尔(Thomas Carlyle,1795—1881),英国哲学家、评论家,著有《论英雄、英雄崇拜和历史上的英雄业绩》。——译者注

② 锡安,耶路撒冷的圣山,这里被卡莱尔借喻为一种理想化的精神家园。——译者注

③ 歌德(Johann Wolfgang von Goethe,1749—1832),德国文学巨匠,代表作有《浮士德》《少年维特之烦恼》等。——译者注

④ 希腊精神指古希腊文明中崇尚理性、追求真理与美、强调人的主体性及城邦公共生活的文化特质,体现于哲学、悲剧、民主实践与竞技艺术中,奠定了西方人文主义与科学精神的根基。——译者注

第二章　教育的目的

夫独有的这种闲适而雅致的怀疑主义，只有京都贵族除外，毕竟他们有点类似法国圣日耳曼区①的贵族。

中国的传统教育带来了稳定与艺术，却未能催生进步或科学。或许这可以被视为怀疑主义的必然结果。炽热的信念要么带来进步，要么导致灾难，但不会带来稳定。科学即使在抨击传统信念时，也仍能持守自身的信念，它很难在一种文人雅士怀疑主义的氛围里蓬勃发展。在一个因现代发明而实现一体化的好斗世界里，一个民族要自保，必须有其活力。没有科学，就不可能有民主；中国的文明只为少数受过教育的人所享有，而希腊的文明则建立在奴隶制的基础上。由于这些原因，中国的传统教育不适合现代世界，并且已被中国人自己摒弃。18世纪有教养的绅士在某些方面与中国士大夫相似，因此，他们也由于同样的原因湮没无存。

所有大国都有一个突出的倾向，即以国家强大为教育的最高目标，现代日本就是一个最好的范例。日本教育的目标是培养出这样的公民：通过情感训导效忠于国家，通过对知识的学习为国家所用。对日本为实现这一双重目标所采用的手段，我无法大加赞颂。自从佩里将军②的舰队抵达之后，日本人就一直处于难以自保的境地；除非我们认为自保本身有罪，日本人在这方面的成功证明他们的方法是有效的。但是，他们的教育方法只在极端危急的情况下才具有正当性，倘若并不存在迫在

---

① 圣日耳曼区（Faubourg Saint Germain）位于巴黎市郊，自17世纪起便是贵族居所。这里泛指贵族的居住地。——译者注

② 佩里（Matthew C. Perry，1794—1858），美国海军准将，1853年率黑船舰队威逼日本打开国门，开启了日本近代化进程。——译者注

眉睫的灭顶之灾，任何民族使用这些方法都应受到谴责。即使是大学教授也不得质疑的神道教①，其包含的历史与《创世纪》②一样可疑；与日本的神学专制相比，达顿审判③都显得微不足道。日本的伦理专制也是如此：民族主义、孝道、天皇崇拜等都不容置疑，因此，许多方面的进步都近乎不可能。这种僵化体制的巨大危险在于，它可能会引发革命，以作为进步的唯一出路。这种危险是现实的，虽然未必立即发生，并且很大程度上由教育体制造成。

由此我们看到，现代日本存在着与古代中国截然相反的弊病。中国的文人学士显得过分多疑和怠惰，而日本教育的产物则可能太过独断及强悍。无论是顺从怀疑主义还是顺从教条主义，都不是教育所应产生的态度。教育应该培养的是这样一种信念：知识在一定程度上是可以获取的，尽管困难重重；在任何特定时期被认作是知识的东西，或多或少会有错误的成分，但凭借谨慎和勤勉，这些错误是可以纠正的。在根据我们的信念行事时，我们应该非常谨慎，因为一个小错误可能导致灾难；尽管如此，我们仍应依凭信念行事。这种心态颇难做到：它要求具备高度的智识修养，同时又不能情感委顿。这样做虽然困难，但并非不能达成；事实上，这就是科学的态

---

① 神道教是日本原生宗教，崇拜天照大神（即太阳神），其文化影响深广，是日本民族精神的重要组成部分。——译者注

② 《创世纪》是《圣经·旧约》的开篇卷，讲述了天地万物及人类的起源等。——译者注

③ 达顿审判，指1925年发生在美国田纳西州达顿市的"田纳西州诉约翰·斯科普斯案"。因斯科普斯讲授进化论违反州法律而引发，控辩双方就科学与宗教问题展开交锋。——译者注

度。知识如同其他美好事物一样，获取不易，但并非不可能；教条主义者忘记了困难，怀疑论[1]者则否认其可能性。二者都不对，他们的错误如果广泛传播开来，就会给社会带来灾难。

耶稣会士犯了跟现代日本人同样的错误——使教育服从某种机构的利益，在他们的例子中，这种机构是天主教会。他们首先关心的不是某个特定学生的福祉，而是让学生成为实现教会利益的工具。如果接受他们的神学信仰，我们就不能责怪他们：将灵魂从地狱中拯救出来比任何单纯的俗世得失都更为重要，而只有天主教会才能做到这一点。但那些不接受这种教义的人会依据结果来评判耶稣会士的教育。诚然，有时教育的结果完全违背了人们的初衷，正如乌利亚·希普的事例，伏尔泰[2]就是耶稣会教育方式的产物。但总的来说，在很长一段时间里，耶稣会士预期的结果还是实现了，反宗教改革运动和新教在法国的瓦解，在很大程度上应归功于耶稣会士的努力。[3] 为了达到这些目的，他们使艺术变得伤感，思想变得肤浅，道德变得放任；到头来，法国大革命势在必行，以扫除他们所造成的危害。在教育方面，他们的罪过在于其教育动机不是出于对学生的爱，而是出于难

---

① 怀疑论是哲学史上一个重要思想流派，其核心主张是对确定性知识的可能性持怀疑态度，强调理性批判与悬置判断。——译者注

② 伏尔泰（Voltaire，1694—1778），法国启蒙思想家。他早年曾就读于耶稣会创办的中学，后成为天主教会的激烈反对者。——译者注

③ 耶稣会士通过教育渗透、神学论战与政治操作，成为反宗教改革在法国的执行中枢，其努力与路易十四的集权政策相结合，最终导致新教社群的瓦解。——译者注

以告人的目的。

阿诺德博士的体制在英国公学一直沿用至今，但它还有一个缺陷，即它是贵族式的。其目标是为本国或帝国的海外属地培养一批执掌权位的人才。贵族阶层要想存续下去，就需要具备某些美德，这些美德将由学校传授。这般培养出的人才必须精力充沛、坚忍不拔、身体健康、信念坚定、正直诚实，并坚信自己在世上承担着重要的使命。这些目标实现程度之高，令人惊叹。但理智被牺牲了，因为理智可能会产生怀疑。同情心被牺牲了，因为它可能会影响对"劣等"种族或阶级的管理。为求刚毅不屈牺牲了仁慈；为求坚定不移牺牲了想象力。如果世道不变，这或许能得到一种永恒的、具有斯巴达①式优缺点的贵族政治。但贵族制度已经过时，即使是最睿智贤明的统治者，臣民也不会再对他们俯首顺从。统治者被迫实行暴政，而暴政又进一步激起反抗。现代世界的复杂性越来越多地要求理智，而阿诺德博士却要为了"美德"牺牲理智。滑铁卢战役也许是伊顿公学操场上的胜利②，但大英帝国却会在这里走向灭亡。现代世界需要的是另一种类型的人才，他们要有更富想象力的同情心，更强的思维灵活性，减少对匹夫之勇的推崇，

---

① 斯巴达（Spartans）是古希腊的一个城邦，其核心为军事化寡头统治，优点体现为高度纪律性与集体效能，代价是严酷阶层压迫与个体自由的消解。——译者注

② 滑铁卢战役（Battle of Waterloo）：1815年6月18日，法军与英普联军在比利时滑铁卢激战，法军惨败，此役终结拿破仑帝国。英普联军的指挥者威灵顿公爵阿瑟·韦尔斯利（Arthur Wellesley，1769—1852）曾就读于伊顿公学，据传，他曾说"滑铁卢的胜利只不过是伊顿公学操场上的胜利"，但多认为此话是杜撰。——译者注

增强对技术知识的信念。未来的执政者应成为自由国民的公仆，而不是受臣民景仰的仁慈君主。英国高等教育中根深蒂固的贵族传统是其祸患所在。也许这一传统能逐渐废除；也许老牌的教育机构无法适应新的形势。关于这些，我不想妄加评论。

美国公立学校成功完成了一项此前从未大规模尝试过的任务：将各类特质迥异的人种改造成同心同德的国民。这项任务完成得非常出色，且总体而言是一项有益的工作，因此，完成这项任务的人应该受到高度赞扬。但是，美国和日本一样，处于一种特殊的境地中，而在特殊境地中正当合理的东西未必能施行于普天之下。美国有一些优势，也面临一些困难。优势包括：财富水平高，无战败的风险，相对不受中世纪遗留的传统的束缚。移民们在美国看到的是普遍存在的民主氛围和先进的工业技术。我认为，这是几乎所有移民都更欣赏美国而非他们祖国的两个主要原因。但实际上，移民通常会保留一种双重爱国主义：在欧洲各国的纷争中，他们依然热切地支持自己原来的属国。与此相反，他们的子女却完全丧失了对父母原属国家的忠诚，彻彻底底地成了美国人。父母的这种态度可归因于一般的美国价值；子女的态度则在很大程度上取决于他们所受的学校教育。这里我们只关注学校的贡献。

只要真正的美国价值是学校教育所依凭的，就没有必要将美国的爱国主义教育与虚假标准的灌输联系起来。但在旧世界胜过新世界之处，美国人认为，灌输对旧世界真正卓越之处的轻视就变得必要了。西欧的知识水准和东欧的艺术水准总体上高于美国。除西班牙和葡萄牙外，整个西欧的宗教迷信程度都低于美国。在几乎所有欧洲国家，个人受群体支配的现象较之美国要少：甚至政治自由度越低，个人的内心自由度就越高。在这些方面，美国公立学校的做法是有害的。当进行一种排他性的美式爱国主义教育时，损害便不可避免。与日本人和耶稣会士一样，这种伤害源自将学生视为达到目的的手段，而非目的本身。教师对孩子的爱应该胜过对国家或教会的爱，否则他就不是一名合格的教师。

当我说应将学生视为目的而非手段时，我可能会遭到反驳，毕竟，人之作为手段比作为目的更重要。作为目的的人随着他的死去而消亡，他作为手段所得到的结果却会长存世间。我们不能否认这一点，但我们可以拒斥由此产生的推论。一个人作为手段的重要性的体现，既可向善，亦可为恶。人类行为的远期影响如此难以预料，明智之人往往会将其排除在自己的考量之外。泛泛而论，好人自有好报，恶人自有恶果。当然，这并不是一成不变的自然法则。一个坏人可能会杀死一个暴君，因为他犯下了暴君想要惩罚的罪行；其行为的后果也许是好的，虽然他本人及其行为是坏的。然而作为一种普遍的法则，较之由愚昧和心怀恶意的人所组成的社会，由品质美好的男女所组成的社会具有更好的影响。除此以外，儿童和青少年仅凭直觉，就可将真心希望他们好或只是将他们当作实现某项计划的原料的人区分开来。如果教师缺乏爱心，那么学生的品性和智力都无法良好或自由地发展；而这种关爱本质上就在于将孩子视为目的本身的"感受"（feeling）。我们对自己都有这种感受：我们渴望自己得到好东西，但这无须先去证明获得这些事物能推动某个伟大目标的实现。每个有寻常慈爱之心的家长都对自己的子女怀有同样的感受。父母希望自己的孩子强壮健康，在学校里表现优良，等等，就像他们希望自己得到某些东西一样；当他们为这些事操心劳力时，不计自我牺牲，也不会考虑抽象的公平原则。这种父母本能并不总是严格局限于对待自己的孩子。推而广之，所有想要成为一个好教师的人都应具有这种本能。随着学生年龄的增长，这种本能的重要性随之降低。但唯有具备它的人方可被信赖去制定教育计划。若将男子教育的目的之一定为造就杀手或炮灰，让他们为了无谓的理由而赴死，持这种理念的人显然缺乏这种博大的父母之爱；然而，除了丹麦和中国之外，这种人控制着所有文明国家的教育。

但是，教育者仅仅关爱年轻人是不够的，他们还必须对人类的卓越之处有正确的理解。猫会教幼崽捕鼠，还教它们耍弄老鼠，军国主义者对年轻人也是如此。猫爱自己的幼崽，但不爱老鼠；军国主义者可能爱自己的儿子，但不爱本国敌人的儿子。即使是那些热爱全人类的人，也可能因为对美好生活的错误观念而犯错。因此，在进一步论述之前，我将试着阐述一下我所认为的男性和女性的优点，但暂不涉及实用性以及实现这些品质的教育方法。当我们日后着手探讨教育细节时，这样一幅图景会对我们有所帮助；那时我们就知道自己所希望前进的方向了。

我们必须首先作出区分：有些品质只宜为某些特定的人群所拥有，而有些品质则是普遍应具备的。我们需要艺术家，但科学家也不可或缺。我们需要好的官员，但农民、磨坊主和面包师也不可或缺。在某一领域造就卓越人物的品质，往往并非人人皆宜。雪莱①是这样描述诗人日常工作的：

> 他从黎明守望到黄昏，
> 湖面上闪亮的是太阳的波纹，
> 那常春藤的丛中，蜜蜂在倾吐着衷心，
> 而他，对这一切，都置若罔闻。

诗人具有这种习惯是可称道的，但对如邮差这类的人，恐怕就不合适了。因此，我们不能着眼于让每个人都具有诗人气质，来构建我们的教育。但某些品性是值得普遍拥有的，我在现阶段要考虑的就是这些品性。

我无意对男女的优点加以区分。对于一个要照顾婴儿的女子来说，进行一定的专门训练是需要的，但这里涉及的两性之别恰似农夫和磨坊主之间的区别。二者并无根本不同，所以现在不需要讨论。

我认为有四种品性共同构成了理想人格的基础：活力、勇敢、敏锐和理智。我并不认为这个清单是面面俱全的，但我认为它为我们提供了正确的路径。此外，我坚信，只要在身体、情感和智力方面给予年轻人适当的关怀，这些品质都能变得相当普遍。下面我将逐一谈论。

---

① 雪莱（Percy Shelley，1792—1822），英国诗人，代表作有《西风颂》《致云雀》等。此诗句出自其长诗《解放了的普罗米修斯》。——译者注

第二章 教育的目的

活力（vitality）更多是一种生理而非心理特质；在身体健康的情况下，活力大抵存在，但随着年龄的增长，活力会逐渐减弱，到老年时，消失殆尽。在元气充沛的孩子身上，活力在学龄前迅速达到顶点，而后因教育的缘故而逐渐减弱。活力蓬勃之处，便充满生之盎然，这与任何具体的乐事无关。它增加快乐，减少痛苦。它使人容易对发生的任何事情产生兴趣，从而促进客观性，而客观性是心智健全的关键要素。人类很容易沉溺于自我，耳闻目睹的任何东西若与己无关，就兴味索然。这对他们自身而言是巨大的不幸，因为它轻则导致无聊，重则导致忧郁；除了极个别例外，还极易使人庸碌无为。活力能增进对外界的兴趣，也能增强人们努力工作的干劲。此外，活力还是嫉妒的屏障，因为它使人以自己的生活为乐。嫉妒是人类痛苦的主要来源之一，因此这是活力的一个非常重要的价值。当然，许多不良品质可以与活力并存——例如，一只恶虎可以是健壮有力的。而许多优秀的品质在没有活力的情况下仍可存在，例如，牛顿[①]和洛克就几乎没什么活力。然而，这二人都动辄发怒且易嫉妒，倘若他们有更好的健康状况，大概就不会如此。牛顿与莱布尼兹的论战[②]对英国数学的发展产生了百余年的破坏性影响，若牛顿身体强壮，能享受常人之乐，这场论

[①] 牛顿（Isaac Newton，1643—1727），英国物理学家、数学家，提出三大运动定律与万有引力定律，奠定经典力学基础。——译者注

[②] 指1711年起英德学界关于微积分发明权的争论。莱布尼兹的发明较之牛顿的更为完善，但后者及其弟子拒绝借鉴，导致欧洲数学发展停滞数十年，1760年后学界始认可双方贡献。莱布尼兹（Gottfried Leibniz，1646—1716），德国哲学家、数学家，在逻辑、法学、语言学领域均有建树。——译者注

战或许就可避免了。因此，活力虽有其局限性，但我认为它是人人都应具备的重要品质之一。

勇敢（courage）——我们清单上的第二种品质，它有多种形式，而且每种都颇为复杂。无所恐惧是一回事，有能力控制恐惧又是一回事；当恐惧合乎理性的时候，无所恐惧是一回事，当恐惧是非理性的时候，无所恐惧又是一回事。没有不合理的恐惧显然是好的，有能力控制恐惧也值得称道。但是，合理恐惧的缺乏是否算好事，则是一个有待讨论的问题。不过我要暂时搁置这个问题，在谈过勇敢的其他形式之后，再回过头来谈它。

在大多数人本能的情感生活中，非理性恐惧扮演着极为重要的角色。其病态形式，如迫害妄想症、焦虑情结等等，须由精神病医生治疗。然而其较为温和的形式，在那些被认为精神健全的人中，也很常见。它可能是一种普遍的感觉，觉得危险临近，更正确的说法是"不安"，也可能是特别害怕老鼠、蜘蛛等并不危险的东西。① 过去人们认为许多恐惧都是出乎本能的，但现在大多数研究者都对此提出了质疑。显然，有些恐惧确乎源于本能——例如，对巨大声响的恐惧，但绝大多数恐惧都源于经历或者联想。例如，对黑暗的恐惧似乎完全是由联想引起的。我们有理由认为，大多数脊椎动物对天敌并没有本能的恐惧感，而是从长辈那里捕捉到了这种情绪。当它们由人类养大，通常存在于该物种中的恐惧就会消失。但是恐惧极具传染性：孩子们会从长辈那里感染上恐惧，即使长辈并未意识到

---

① 关于童年时期的恐惧和不安，见 William Stern,"Psychology of Early Childhood", Chap. XXXV（Henry Holt, 1924）。

第二章 教育的目的

自己表现出了恐惧。母亲或保姆的胆怯会迅速被孩子通过联想所仿效。迄今为止,男人一直认为那些充满无端恐惧的女性很有吸引力,因为这让他们有机会展现出保护欲,却无须承担任何真正的风险。但这些男人的儿子们从母亲那里承袭了这些恐惧。倘若他们的父亲当初不贪图对他们母亲的征服感,孩子们本不会丧失勇气,而后来也不必再接受训练去重拾勇气。女性处于从属地位所造成的伤害难以估量;恐惧这件事只是一个次要的例子。

我现在暂不讨论将恐惧和不安降到最低的方法;这是我稍后要考虑的问题。不过,现阶段有一个问题出现了,即我们能否满足于通过压抑来应对恐惧,还是必须找到某种更彻底的解决办法?传统上,贵族要被训练成不露惧色,而从属的民族、阶级及男男女女仍被鼓励保持唯唯诺诺的举止。对勇气的测验一直都是粗糙的行为主义式的:一个人在战场上不能逃跑;他必须精通"有男子气概"的运动;他必须在遭遇火灾、沉船、地震等情况时保持镇定;等等。他不仅要应付得当,而且不能脸色苍白、浑身颤抖、呼吸急促等,或流露出任何其他容易觉察的恐惧迹象。我认为如下一切都非常重要:我希望看到无论何种国家、何种阶级和何种性别都能培养出勇气。但是,如果采用的是压制性的方法,就会带来与之相伴的种种弊端。羞愧和耻辱一直是营造表象层面勇敢的有力武器;但事实上,它们只是引起了不同恐惧间的冲突,其中,担心被公众谴责的恐惧会更加强烈。"永远要讲真话,除非受到惊吓",这是我童年时学到的一条准则。但我现在不能认可存在这种例外。不能只是在行动中克服恐惧,情绪上也要克服;不仅要克服有意识情绪中的恐惧，还要克服无意识情绪中的恐惧。那种仅仅在表面上战胜恐惧的胜利，固然满足了贵族准则，但恐惧的冲动仍在暗中作祟，并产生邪恶且扭曲的反应，而这些反应并未被视为恐惧的产物。我所指的不是与恐惧的关系显而易见的"炮弹休克症"①，我更多指的是统治阶级为了维持自身权势所仰仗的充满压迫和暴行的整个体制。最近，在上海，一名英国巡捕未先示警就下令从背后射杀手无寸铁的中国学生，②他显然被恐惧驱使，如同一个战场上逃跑的士兵。但是，军事贵族们并没有足够的智慧去追溯这种行为的心理根源；他们认为这种行为反而显示了坚毅的品质和良好的情操。

从心理学和生理学的角度而言，恐惧和愤怒是非常相似的情绪：那种表现出激怒的人并不具备最高意义上的勇气。在镇压黑人反抗、共产主义革命以及对贵族制的其他威胁中一贯表现出的残暴，其实是怯懦的一种表现形式，理应与更明显表现出的怯懦一样受到蔑视。我相信，通过教育使普通人能免于恐惧地生活，是可能的。迄今为止，只有少数英雄和圣人实现了这样的生活；但如果有人指引道路，其他人也能做到他们所做到的。

要培养那种并非源于压抑的勇气，需要多种因素的结合。不妨从最低级的要素开始：健康和活力极为有益，尽管并非不可或缺。具有应对困境险情的经验和技巧极为必要。但是，当我们考虑的不是这方面或那方面的勇气而是普遍意义上的勇气

---

① "炮弹休克症"，指士兵因遭炮弹爆炸冲击引发的心理创伤病症，后成为创伤后压力心理障碍症（PTSD）研究的起点。——译者注

② 指1925年发生在上海的"五卅惨案"。——译者注

时，就需要更根本的东西。我们需要的是自尊与一种无我的人生观的结合。首先是自尊：有些人依照内心生活，而有些人只是对别人的感受和言谈亦步亦趋。后者永远不可能拥有真正的勇气：他们必须得到赞许，并为唯恐失去这种赞许的恐惧所困扰。教人"谦虚"（humility）曾一直被认为很可取，但却是变相地产生相同弊病的一种方式。"谦虚"压制了自尊，但不能压制对被尊重的渴望；它只是把表面上的自贬当作获取赞誉的手段。因此，它滋生了伪善和对本性的扭曲。孩子被教导要不加思考地服从，长大后，又转而要求他人顺从；据说只有学会服从的人才懂得如何指挥。我认为，任何人都不应学习如何俯首称臣，任何人都不应试图发号施令。当然，我并不是说在须齐心协力进行的事业中不应有领导者，但他们的权威应该像足球队队长的那样，是人们为了实现共同的目标而心甘情愿接纳的代价。我们的目标应该是我们自己的，而不是外部权威强加的结果；我们的目标也绝不应强加于他人。这就是我所说的"无人应发号施令，无人应俯首称臣"的意思。

最高意义上的勇气还需要另外一种东西，那就是我刚才所说的无我的人生观。如果一个人的希望和恐惧都集中于自身，他就很难平静地看待死亡，因为死亡会摧毁他的整个情感世界。这里我们再次触及了这一传统，它倡导简便易行的压抑之道：圣人必须学会弃绝自我，克制肉体的欲望，摒弃本能的欢乐。这主张固然能付诸实施，但其结果却很糟糕。禁欲苦修的圣人不仅自己放弃享乐，还让别人放弃享乐，后者相对较为容易。嫉妒心在暗中阴魂不散，并使他认为受苦是高尚的，因此让人受苦也是正当的。因此，价值完全颠倒了：善的被认为是恶，恶的被认为是善。一切危害的根源在于，人们是在服从消极的戒律，而不是通过拓宽和发展自然的欲望与本能，去寻求美好的生活。人性中本有某些东西会让我们自然而然地超越自我。其中最普遍存在的是爱，尤其是父母之爱，在有些人那里，这种爱已经广博到可以囊括全人类。还有就是知识。没有理由推断伽利略①特别地悲天悯人，但他为之而活的目标不会随着他死去而化为乌有。再有就是艺术。事实上，任何对自己身外之物的兴趣，都可以在相应程度上使他的人生变得无我。正因如此，虽然看起来似乎有悖常理，但一个有广泛而浓厚兴趣的人，较之那些只关心自己病痛的悲惨的抑郁症患者，在离开人世时，会更少挂碍。因此，完美的勇敢总是属于具有广泛兴趣的人，这样的人通过对身外之物的珍重，而非通过贬抑自身，感悟到自我不过是广袤世界中的一粒微尘。除非一个人具有自由的天性和活跃的才智，否则这种情况很难发生。两者的融合促生了一种宏阔的观念：个人的死亡不足挂齿，而这一点，纵欲者和禁欲者都并不知晓。这种勇敢是积极的、符合天性的，而非消极的、压抑本能的。我认为，这种积极意义上的勇敢是完美人格的主要成分之一。

敏锐（sensitiveness）是我们所列的第三种品质，在某种意义上它是对单纯的勇敢的矫枉与修正。未能察觉危险的人更容易做出勇敢的举动，但这种勇敢往往是愚蠢的。我们不能认为任何出于无知或没记性的行为是令人满意的：尽可能丰富的知识及深刻的洞察是应当具备的要素。然而，认知方面归于理

---

① 伽利略（Galileo Galilei, 1564—1642），意大利数学家、物理学家，近代实验科学的先驱之一。——译者注

第二章　教育的目的

智的范畴；而敏锐，就我使用这个词的意义而言，则属于情感的范畴。其纯理论的定义是，当多种刺激都能在某人身上引发情感，那么他就是情感上敏锐的；但若如此宽泛地理解这一特质，它未必是好的。只有当情感反应在某种意义上是适当的，敏锐才是好的：单纯情感反应的强度不是我们需要的。我心目中的这种品质是：受诸多且是合适事物的影响而产生快乐或者痛苦的感觉。什么是合适的事物？我将试作解释。第一阶段，是开始超越诸如食物、温暖等带来的单纯感官快乐，而发展到因社会认可而感到快乐，大多数孩子在大约 5 个月大时就开始进入这一阶段。这种快乐一旦产生，就会迅速发展：每个孩子都喜欢表扬，讨厌责备。通常，希望得到他人好评的愿望会成为贯穿一生的主要动机之一。作为对善行的刺激和对贪婪冲动的抑制，它无疑是非常有价值的。如果我们在赞美他人时更明智些，它也许会发挥更大价值。但是，只要最受仰慕的英雄是那些杀人盈野之辈，那么光凭对赞美的热爱还不足以成就美好生活。

第二阶段中，敏锐发展出的理想形式是同情（sympathy）。存在一种纯粹生理上的同情：很小的孩子会因为兄弟姐妹在哭而跟着哭。我认为，这为进一步的发展奠定了基础。需要的两种扩展是：第一，即便受苦者与我们没有特殊情感羁绊，也能感受到同情；第二，即便痛苦并非直接呈现在眼前，也能产生同情之心。第二种扩展主要取决于理智。理智程度低的同情，可能仅仅停留在诸如一本优秀小说里那种生动而感人地描绘的苦难上；与此相对，如果理智程度高，一组统计数据就可以令人动情。这种抽象的同情能力非常重要，却也极不常见。当所

43

爱之人受癌症折磨时，几乎每个人都会极度悲痛。大多数人看到医院里素不相识的病人的痛苦也会动容。然而，当他们读到癌症的死亡率是多少多少时，通常只是短暂地为自己或亲近的人可能患上这种病而感到恐惧。这种情形对战争也适用：当自己的儿子或兄弟遭到残害，人们认为战争是可怕的；但百万人被残害却不会让他们感到战争有百万倍的可怕。一个在其所有个人交际中充满善意的人，却可能会从煽动战争或在虐待"落后"国家儿童的行为中获取私利。所有此类司空见惯的现象都基于这样一个事实，即对大多数人来说，仅仅是抽象的刺激并不能激发同情。如果这一点能被纠正，现代世界的大部分罪恶即可消除。科学极大地增强了我们对远方人们生活的影响力，但却没有增进我们对他们的同情。假设你是上海某纱厂的股东，你可能是个大忙人，只是听从理财建议进行了这项投资；上海也好，棉花也罢，都引不起你的兴趣，你只关心分红。然而，你还是会成为导致无辜民众惨遭屠杀的强权的一部分；而且如果不强迫小孩子从事违背常理且危险的劳作，你的分红就会泡汤。你当然不会在意，因为你从未见过这些孩子，抽象的刺激无法打动你。这就是为什么大规模工业化如此残酷，为什么对臣服种族的压迫能被容忍的根本原因。通过教育培养对抽象刺激的敏锐性，可以杜绝此类事情的发生。

应该纳入讨论的认知敏锐性，与观察的习惯实际上是一回事，因此若和理智放在一起讨论更加自然。审美敏锐性会引出许多问题，现阶段我还不想探讨。因此，我将继续讨论我们列举的第四个品质，即理智（intelligence）。

传统道德的一大缺陷是轻视理智。古希腊人在这方面并没

第二章 教育的目的

有犯错,但基督教会引导人们认为,除了美德之外,什么都不重要,而美德就在于戒除某些被随意贴上"罪"(sin)的标签的行为。只要这种态度一直延续,就不可能让人们认识到,理智比人为约定的"美德"更有价值。我所说的理智,既包括实际拥有的知识,也包括对知识的理解力。事实上,这两者密切相关。无知的成年人是无法教导的;例如,在卫生或饮食等问题上,他们完全无法相信科学的说法。一个人学得越多,他就越容易学到更多——但前提是他接受的教育不是教条主义的。无知的人从未被迫改变自己的思维习惯,他们的态度僵硬到了冥顽不化的地步。他们不仅在本该怀疑之处轻信盲从,还在值得相信之处疑虑重重。毫无疑问,"理智"一词更确切表示的是获取知识的能力,而不是已经获得的知识;但我认为这种能力只有通过练习才能获得,就像钢琴家或杂技演员的能力一样。当然,通过不训练理智的方式来传授知识是可能的;不仅可能,而且很容易,并且人们经常这样做。但我不相信不传授知识就可以培养理智,对理智的培养至少能让人获得知识。没有理智,我们这个复杂的现代世界就无法存在,进步更无从谈起。因此,我认为培养理智是教育的主要目的之一。这看似老生常谈,但事实上并非如此。那种灌输所谓正确信仰的热望已使得教育工作者对理智培养漠不关心。为了厘清这一点,我们有必要更仔细地界定理智,以便发现它所需之心理习惯。为此,我将只考虑获取知识的能力,而不考虑实际的知识储备,尽管后者可以合理地纳入理智的定义中。

理智生活的自然基础是好奇心,动物身上可见好奇心的初级形态。理智需要一种机敏的好奇心,但这种好奇心必须属于特定的种类。那种引发乡邻们在天黑后企图透过窗帘相互窥探的好奇心并没有很高的价值。人们对流言蜚语的普遍兴趣不是出于对知识的热爱，而是出于恶意：没有人会八卦别人隐秘的美德，只会八卦他们遮掩的丑事。因此，大多数流言蜚语都是不真实的，但人们刻意不去澄清。我们邻居的罪过，就像宗教的安慰一样，是如此令人愉悦，以至于我们不会停手去仔细研究证据。另一方面，真正的好奇心是由真正的求知欲所激发的。你可以在一只被带到陌生房间的猫身上看到这种纯粹的冲动：它会去嗅每一个角落和每一件家具。你也会在孩子们身上看到这种冲动，当一个平时闭锁着的抽屉或橱柜打开供他们查看时，他们会表现出极大的兴趣。动物、机器、雷雨和各种手工活都能激起孩子们的好奇心，他们对知识的渴求让最具理智的成人也自愧不如。随着年龄的增长，这种冲动会越来越弱，直到最后，陌生的东西只会引起他们的反感，而不再让他们有进一步了解的欲望。到了这个阶段，人们就会说，国家正在走向衰败，"我年轻时情况可不是这样"。其实和当年不一样的是说话者的好奇心。我们可以认为，随着好奇心的消亡，活跃的理智也就不复存在了。虽然好奇心的强度和广度在童年之后会有所减弱，却可以在质量上长久而持续地改善。较之对特殊事物的好奇心，对普遍命题的好奇心能表现出更高的理智水平。一般而言，普遍性的等级越高，所包含的理智成分也就越大。（但不可过于教条地理解这条规则。）与诸如获取食物机会相关的好奇心相比，与个人利益无关的好奇心则显示出更高的发展水平。在一个陌生房间里嗅来嗅去的猫，不是毫无私欲的科学探索者，它可能也想探明周围是否有老鼠。或许，说好

第二章 教育的目的

奇心在无关私利时最为可贵,并不完全准确,而是说,当好奇心跟其他利益的关联不是直接和明显的,而只有通过一定程度的理智才能察觉时,它才是最可贵的。不过,我们没有必要对这一点作出定论。

要想让好奇心取得成果,它就必须与某种特定的求知技巧结合起来。必须具备观察的习惯、对知识的可能性的信念、耐心和勤奋。有了本然的好奇心和适当的理智教育,这些东西便会自然而然地发展起来。但是,由于理智生活只是我们活动的一部分,而且好奇心总是与别的情感相冲突,因此我们需要某些理智方面的美德,比如开放的心态(open-mindedness)。我们会因为习惯和欲望而对新的真理视而不见:我们发现难以否定自己一直以来笃信不疑的东西,以及能满足自尊或任何其他重要感受的东西。因此,开放的心态应是教育旨在培养的品质之一。目前,这一点只在非常有限的范围内做到了,1925 年 7 月 31 日《每日先驱报》(*The Daily Herald*)的如下报道就说明了这一点:

> 一个专门委员会受命调查关于布特尔①地区各校任课教师毒害儿童心灵的指控,并已将调查结果呈交布特尔市议会。该委员会此前认为这些指控证据确凿,但议会将"确凿"一词删去,指出"这些指控需要合理调查"。市议会采纳了该委员会提出的一项提议:将来任用的教师必须培养学生养成尊崇上帝、宗教,并尊重本地行政和宗教

---

① 布特尔(Bootle),英国利物浦市附近的一个城镇。——译者注

机构的习惯。

因此，无论其他地方情况如何，布特尔是不会有开放的心态了。我们希望，市议会即刻派遣一个代表团前往田纳西州达顿镇，以获得实施他们计划的最佳方法的启示。但或许这也没必要。从决议的措辞来看，布特尔在蒙昧方面似乎并不需要接受指导了。

理智上的诚实跟肉体上的英勇一样，都不能缺乏勇气。我们对于现实世界的了解，要远低于我们自以为的；自出生之日起，我们就在进行不可靠的归纳，并将我们的心理习惯与外部自然法则混为一谈。各种思想体系——基督教、社会主义、爱国主义等等——就像孤儿院一样，随时准备给人们提供安全以换取对他们的奴役。自由的精神生活不可能像被信条包裹的生活那样温暖、舒适和合群：当外面风雪咆哮肆虐时，只有信条才能给人一种倚炉而坐的安然。

这就给我们提出了一个有点棘手的问题：美好生活应该在多大程度上摆脱群体的束缚？我不太愿意使用"群体本能"①这个词，因为对其正确性的争议颇多。不过，无论如何解读，它所描述的现象我们都很熟悉。我们希望与这样的群体相处融洽：他们让我们感到是同类，并希望能与之合作，即我们的家人、邻居、同事、政党或国家。这很自然，因为没有合作，我们就无法获得生活的任何乐趣。此外，情绪具有感染力，尤其

---

① 群体本能（herd instinct），指个体在群体中无意识地模仿、追随多数行为或观念的心理倾向，其表现为从众、排斥异见、情绪传染等。——译者注

第二章 教育的目的

是当许多人同时感受到某种情绪时。很少有人能置身于一场激动人心的集会而竟可以无动于衷；如果他们是反对派，那么他们的反驳也会变得激烈。而对大多数人来说，只有当他们可以从某个能给予他们认可的不同群体的思想中得到支持时，方才可能进行这样的反驳。这就是为何"圣徒相通"①的教义能给受迫害者带来如此大的安慰。我们是应该默许这种与群体合作的愿望，还是应该通过教育来削弱这种愿望呢？双方各有其理据，正确的答案应是找到一个适当的比例，而不是一边倒地支持任何一方。

我自己是这样认为的：取悦他人及与人合作的欲望应当强烈，且属正常，但在某些重要情形下，也应能被其他欲望所克服。取悦他人的欲望的合理性已在前面结合敏锐讨论过了。如果没有这种愿望，我们都会变得粗鲁，从家庭往上的所有社会群体都将不复存在。如果幼儿没有讨父母欢心的欲望，那么对他们的教育就会非常困难。情绪的感染性也自有其好处，如果感染是从智者传向愚者时。但在惊惧和震怒的情形中，它的作用当然恰恰相反。因此，情感的接受性绝不是一个简单的问题。即使在纯粹的理智事务上，这个问题也并非明确。伟大的发现者须冒天下之大不韪，并因自己的特立独行而招致敌意。但普通人如果固执己见，则会更加愚不可及：至少在科学领域，他们对权威的尊重总的来说是有益的。

我认为，对于一个处境和天赋都不算很优越的人来说，在其生活中，大部分领域都受到模糊意义上的"群体本能"支

---

① 圣徒相通，基督教神学概念，指教会内所有信徒因信与基督相连，构成属灵共同体。——译者注

配,只有小部分领域不受其影响。这小部分领域应涵盖他的特殊专长领域。我们对那种除非所有人都赞赏某位女士,否则自己就无法欣赏她的男人评价不高:我们认为,在选择妻子时,一个男人应当依据自己的独特感受,而非社会大众情感的映射。他对一般人的判断与邻居们一致也无妨,但当他坠入爱河时,就应该依从他自己独特感受的指引。在其他方面也大致如此。对于自己耕种的土地的出产能力,一个农民应该根据自己的判断,尽管他应当在掌握科学的农业知识之后再作判断。经济学家在货币问题上应当形成独立的判断,但普通人最好还是追随权威。但凡有专业能力,就应该有主见。但一个人不应该把自己变成一只刺猬,浑身长满刺,拒世界于千里之外。我们的大部分日常活动都需要合作,而合作必须有本能作基础。尽管如此,我们都应该学会对我们熟视无睹的事情进行独立思考,并有勇气提出不合时宜的观点——如果我们确信这些观点很重要。当然,在具体情况下应用这些一般原则也许会遇到困难。但是,如果置身于一个人们普遍具有本章所讨论的美德的世界中,这种困难就没现在这么大了。在这样一个世界,不会出现对圣徒的摧残。好人无须出于义愤而刻意去行善;他的善行将源于其自身的冲动,并将与本能的欢乐融为一体。他的邻居们不会忌恨他,因为他们不惧怕他:人们之所以痛恨先驱者,正是由于他们激起的恐惧,而在那些已获得勇气的人们中间,这种恐惧是不存在的。只有被恐惧支配的人才会加入三K党[①]或法西斯。在一个由勇敢者组成的世界里,这样的迫害性组织

---

① 三K党,美国白人至上主义组织,曾用暴力迫害黑人及少数族裔。——译者注

第二章 教育的目的

不可能存在，获得美好生活不需要像现在这样过多地压抑人的天性。只有无所畏惧的人才能创造和维持美好的世界，不过他们的使命完成得愈是出色，他们就愈少有机会表现他们的勇敢。

拥有教育所能培养出的最高程度的活力、勇敢、敏锐和理智的男女两性组成的社会，将与迄今为止存在过的任何社会都大不相同。很少有人会不幸福。目前不幸福的主要原因是：健康不佳、贫困以及不如意的性生活。所有这些都将变得非常罕见。良好的健康状况几乎成为普遍现象，甚至衰老也能被延缓。自工业革命以来，贫穷只是集体愚昧的结果。敏锐会使人萌生消灭贫穷的愿望，理智会为他们指明道路，而勇气会引领他们付诸行动。（怯懦之人宁愿继续痛苦，也不愿背离常规。）目前，大多数人对性生活都或多或少感到不满。这部分是由于教育不当，部分是由于当局和格伦迪太太①的压迫。只要成长起一代没有非理性的性恐惧的女性，很快就能终结这种状况。人们曾认为恐惧是让女性"守贞"的唯一方式，于是女性被刻意教导要在身心两方面都胆小怯懦。爱情受到束缚的女人会助长丈夫的粗暴和虚伪，并扭曲其孩子的天性。一代无畏的女性能够改变世界，因为她们能培养出一代无畏的孩子，这些孩子不会被塑造成扭曲的模样，而是正直坦诚、慷慨大方、充满爱心且自由自在。他们的热情将涤荡我们因懒惰、怯懦、冷漠和愚蠢而忍受的残忍与痛苦。正是教育让我们沾染上这些不良

---

① 格伦迪太太（Mrs. Grundy）是英国剧作家莫顿（Thomas Morton，1764—1838）所著喜剧《加快耕耘》（Speed the Plough）中的人物，喻指迂腐的道德监督者。——译者注

品质，也必须通过教育赋予我们相反的美德。教育，是开启新世界之门的钥匙。

　　关于教育的一般原则就说到这里，下面开始讨论能体现我们理想的具体细节。

第二编

品性教育

第三章　初生之年

过去人们认为初生之年不在教育的范围内。至少在婴儿会说话之前，甚至更晚，都是完全由母亲和保姆全权照料，因为人们认为她们凭直觉就知道什么对孩子好。而实际上，她们并不知道。婴儿在头一年死亡的比例极高，幸存下来的许多孩子健康状况也已受损。由于照料不当，孩子的心智习惯已埋下不良的隐患。这一切直到最近才被认识到。科学对育婴的干涉常常引起人们的反感，因为这扰乱了人们对母子间温情画面的想象。但是，感情用事跟舐犊之爱不能并存；爱自己孩子的父母会希望孩子活下去，即使为此必须动用理智。我们发现最容易这般感情用事的，是没有孩子的人和像卢梭那样情愿将子女送进育婴堂（Foundling Hospital）的人。有文化的家长大多渴望了解科学的说法，没文化的家长也会从妇产中心学习。这样做的成效可见于婴儿死亡率的显著下降。我们有理由相信，只要给予足够的照料和专业的护理，很少会有孩子在婴儿期夭折。不但如此，存活下来的孩子身心也会更加健康。

严格来说，身体健康问题不在本书的讨论范围之内，必须交由医学从业者处理。我只会在这些问题具有心理重要性时才提及。但是，在初生之年，身体和心理几乎是浑然一体的。此外，日后的教育者可能会发现，由于在照顾婴儿时所犯的纯粹生理学上的错误，自己的工作遭遇了阻碍。因此，我们无法完全避开那些本不属于我们的领域。

新生儿有各种反射和本能，但没有习惯。无论在母体内养成了什么习惯，在新的环境中都毫无用处：有时甚至呼吸也得教，有些孩子因学得不够快而夭折。唯有一种本能发育得很完善，那就是吸吮的本能；当婴儿吸吮时，会对新环境产生熟悉感。但其他醒着的时候都处于一种恍惚的困惑之中，他们把一天中的大部分时间都用来睡觉以缓解这种状态。两星期后，这一切都改变了。孩子从规律重复的经历中学会了期待。他们成了保守主义者——或许较之以后的任何时候都更为彻底地保守。任何新奇的事物都会引起他们的反感。如果能说话，他们会说："你以为我会在有生之年改变业已保持至今的习惯吗？"婴儿养成习惯的速度令人惊叹。养成的每个坏习惯都是日后养成好习惯的障碍；这就是为什么婴儿早期习惯的最初养成如此重要。如果最初的习惯是好的，以后就会省去无数麻烦。而且，很早就养成的习惯在日后的生活中就像本能一样，对人具有深刻的控制力。后来养成的与之对立的新习惯不可能有同样的力量；基于这一理由，最初的习惯应该引起人们的高度重视。

在考虑婴儿期习惯养成时，有两个因素需要考虑。首要且最重要的因素是健康；其次是品性。我们希望孩子成为一个受人喜爱、能够成功应对生活的人。幸好，健康和品性的方向是一致的：对一方有益的，对另一方也有益。在本书中，我们着重关注的是品性；但健康也需要同样的培养方式。这样我们就不至于面临这种两难选择：要么是强健的恶棍，要么是病恹恹的圣贤。

如今，每位受过教育的母亲都知道诸如这样的事实：定时喂养婴儿而非一哭就喂很重要。之所以采用这种做法，是因为它更有利于孩子的消化，这是一个完全充分的理由。不过，从道德教育的角度来看，这样做也是可取的。婴儿比成年人想象的要狡猾得多；如果他们发现啼哭可以带来好处，他们就会哭闹不休。在以后的生活中，当抱怨的习惯导致他们遭到厌恶而非喜爱时，他们会感到惊讶和愤恨，在他们看来，这个世界冷酷又无情。然而，如果她们长大后出落成迷人的女子，她们发牢骚时仍会受到宠爱，儿时养成的陋习就会就会被强化。这种情形在富人身上也常常见到。除非在婴儿时期被正确地养育，否则在以后的生活中，他们会变得要么牢骚满腹要么贪得无厌，具体情形将取决于他们的能力。进行必要道德训练的恰当起点是出生之时，因为从那时开始训练不会让期望变成失望。否则，在以后的任何时候开始训练，都必定遭到逆向习惯的抵抗，并因此激起怨恨和愤怒。

因此，对待婴儿，需要在冷落和疼爱之间取得微妙的平衡。一切对健康必要的事情都必须做到。当孩子受了风寒，就应该精心看顾，并确保他干爽和暖和。但如果没有明显的身体不适却哭闹不止，就应任其哭闹；否则，孩子很快就会变成一个小霸王。照顾孩子时，不应大惊小怪：该做的必须做，但不要表达过分的关爱。任何时候都不应将孩子看作比小狗更有意思的宠物。必须从起初就将孩子当作潜在的成人认真看待。在成人身上令人无法容忍的习惯，在孩子身上却可能非常讨喜。当然，孩子不可能真的拥有成人的习惯，但我们应该避免一切阻碍孩子养成这些习惯的因素。最重要的是，我们不应该使孩子养成一种自大感，这种感觉日后会让他感到受挫，并且无论如何都与事实不符。

婴儿教育的困难主要在于父母如何才能做到微妙的平衡。为了避免孩子的健康受损，他们须随时留意并承受许多辛苦；倘若没有强烈的父母之爱，这些品质不可能达到足够的程度。但在有强烈父母之爱的情况下，这种爱又很可能不够明智。对全心投入的父母来说，孩子无比重要。如果不加留意，孩子就会觉察到这一点，并认为自己像父母感觉的那样重要。在日后的生活中，他所处的社会环境不会再如此宠溺他，那些假定自己是他人世界中心的习惯，只会带来失望。因此，对于孩子偶染的小病小痛，父母应该泰然处之，宽心以待，不仅初生之年要这样，往后也应如此。在过去，婴儿既受束缚，又被呵护：他们的手脚没有自由，穿得过于暖和，自主活动受到阻碍，但大人又对他们爱抚有加，哼唱儿歌，摇晃和逗弄他们。这在理念上是错误的，因为这会把孩子变成无法自立的、被宠坏的寄生虫。① 正确的做法是：鼓励自主活动，阻止他们向别人发号施令。不要让孩子看到你为他做了多少事，或者你费了多少心思。只要有可能，就让孩子体验通过自己的努力取得成功的喜悦，而不是通过对成年人发号施令来获得。在现代教育中，我

---

① 倘若有人反驳说，世界终究还是进步了，我对此的回应是，世界并没有像它原本可以达到的速度进步，或者说，如果能明智地对待儿童，世界将会以更快的速度进步。

们的目标是将外部的约束减至最低限度；但这需要一种内在的自律，而初生之年比其他任何时候都更容易养成这种自律。例如，当你想让孩子睡觉时，不要来回摇摇篮，也不要把他抱在怀里，甚至不要待在他能看到你的地方。如果你这样做了一次，孩子下次就会要求你继续这么做；很快，哄孩子入睡就会变成一件棘手的事。你要让孩子暖和、干爽、舒服，果断地将孩子放下，轻声细语几句后，就任他独自待着。孩子可能会哭几分钟，但只要没生病，他很快就能不哭了。那时你再回去看，就会发现他已经睡着了。比起一味地哄着和迁就，这种方法能使孩子睡得更多。

正如我们之前所说的，新生儿缺乏习惯，只有反射和本能。这说明他的世界不是由"对象"（objects）构成的。反复重现的经验是认知的必要条件，而认知又是产生"对象"概念的必要条件。新生儿对于婴儿床的触觉、母亲的乳房（或奶瓶）的触觉和嗅觉，以及母亲或保姆的声音很快就会熟悉，而对母亲或婴儿床的外观则要稍迟才能分辨，因为他不知如何集中视力，以便看清形状。只有通过联想养成习惯，触觉、视觉、嗅觉和听觉才会逐渐结合在一起，凝聚成通常的对象观念，这种观念的一次显现会导致对下一次的期盼。但即使在这个时候，婴儿暂时仍难以感觉到人和物之间的区别；半由母乳、半由奶瓶哺育的婴儿，在一段时间内，对母亲和奶瓶会有类似的感觉。在这整个期间，教育必须采用纯粹的物质手段。婴儿的快乐是物质上的——主要是食物与温暖，而婴儿的痛苦也是物质上的。行为习惯是通过寻求与快乐相关的东西和避免与痛苦相关的东西而形成的。孩子的哭泣有时是与痛苦有关的反射行为，有时是为了追求快乐而做出的行为。当然，起初只是前者。但由于只要办得到，孩子可能遭受的任何真正的痛苦都会被消除，因此哭泣最终必然会与快乐的结果联系在一起。因此，孩子很快就会因为渴望快乐而哭闹，而不是因为感到身体上的痛苦；这是孩子运用理智的最初成果之一。但是，无论如何尝试，他都无法发出与确实疼痛时完全相同的哭声。母亲敏锐的耳朵能分辨出其中的差别，而如果她是明智的，就应忽视这种并非表达身体不适的哭叫。将婴儿抱到膝上摇晃或唱歌来逗婴儿开心，既轻而易举又顺心称意。但婴儿会以惊人的速度学会要求越来越多的此类娱乐，而这些娱乐很快就会影响必要的睡眠——除了进食，睡眠几乎应该占据他全天的所有时间。此类告诫看似有些苛刻，但经验表明，它们有利于孩子的健康和幸福。

虽然成人提供的娱乐应保持在一定的限度内，但婴儿的自娱活动则应得到最大程度的鼓励。从一开始，婴儿就应该有机会踢腿和锻炼肌肉。我们的先辈竟然长期坚持使用襁褓，这简直令人难以置信；这表明即使父母之爱也难以克服懒惰，毕竟手脚自由的婴儿需要更多的照看。一旦孩子能够聚焦视线，他就会在观看活动的物体尤其是随风飘动的东西时找到乐趣。孩子能有的娱乐活动的数量很少，直到他学会抓住所看到的物品。到那时，开心的事儿迅速增多。在一段时间里，抓握的练习足以确保孩子在大多数清醒时间内的乐趣。对响声的兴趣也是在这个阶段产生的。对脚趾和手指的控制则要稍早一点。起初，脚趾的活动纯粹是反射性的；后来，婴儿发现它们可以听凭自己的意愿活动。这就像帝国征服了外邦一样让人感到愉悦：脚趾不再是"异族"（alien bodies），而成了自我的一部分。从这个时候开始，只要有适宜的物品在孩子所能触及的范围内，他就能找到许多娱乐活动。孩子的大多数娱乐活动正是对他的教育所需要的——当然，前提是不能让他摔倒、吞食别针或以其他方式伤害自己。

除了吃奶的时候，婴儿出生后的头3个月总的来说是有些沉闷的。他舒服的时候，会睡觉；醒着的时候，通常有些不舒服。人的快乐取决于心理能力，但由于缺乏经验和肌肉控制能力，这些能力在3个月以下的婴儿身上几乎得不到发挥。动物幼崽对生活的享受要早得多，因为它们更多依赖本能，而较少依赖经验；但婴儿靠本能所能做的事情太少，只能提供最低限度的愉悦和乐趣。总的来说，这头3个月很是无聊。但是，要想有足够的睡眠，这种无聊又是必要的；如果老是逗孩子玩，那么他的睡眠就不够了。

在大约2—3个月大的时候，孩子学会了笑，并对人产生有别于对待物品的感情。在这个年龄段，母子之间的社会关系开始成为可能：孩子能够而且确实会在看到母亲时显露出高兴，并发展出不仅仅是动物性的反应。很快，对表扬和认可的欲望发展起来；我的儿子在5个月大的时候，第一次明确无误地表现出这种愿望，当时他经过多次尝试，成功地从桌子上举起了一个有点重的铃铛并摇响了它，他环视周围每一个人，面带自豪的微笑。从这一刻起，教育者有了新的武器：表扬和责备。这一武器在整个儿童时期都是非常有效的，但使用时须极为谨慎。在出生的第一年里，根本不应该有任何责备，之后也应慎用。表扬的危害较小，但也不能轻易表扬，以免失去其价值,更不能过度表扬孩子。当孩子第一次会走路、第一次说出能被听懂的词语时,即便是沉得住气的父母也会情不自禁地称赞孩子。一般来说,当孩子经过不懈努力克服了某个困难时,表扬是一种适当的奖励。此外,让孩子感觉到你赞成他的学习愿望也是很好的。

但总的来说,婴儿的求知欲是如此强烈,父母只需提供机会即可。给孩子一个发展的机会,这样,他自己凭努力就会完成其余的工作。没有必要教孩子爬行、走路或学习任何其他控制肌肉的基本方法。诚然,我们通过与孩子说话来教他说话,但我怀疑刻意教孩子说话是否有用。孩子按自己的节奏学习,试图强迫他们是错误的。在整个人生中,努力的最大动力是在最初遇到困难后取得成功的体验。困难既不能大到让人灰心丧气,也不能小到无法激发努力。人从生到死,这是一条基本规律。通过躬身实践,才能学有所获。大人可以做的是,演示一些孩子想做的某个简单动作,比如拨弄拨浪鼓,然后让孩子自己摸索着做。别人所做的仅仅是对进取心的一种刺激,它本身绝不是一种教育。

常规(regularity)及惯例(routine)在幼儿期是至关重要的,尤其是在初生之年。在睡眠、饮食和排泄方面,应从一开始就养成定时的习惯。此外,熟悉环境在心理上也非常重要。它可以教会孩子辨认东西,避免过度紧张,并产生安全感。我有时会想,对于自然统一性[①]——据说这是一项科学公设——

[①] 自然统一性,一种科学与哲学观念,认为自然界的现象与规律具有普遍一致性,不受时间、空间限制,是科学探索与理论构建的基础预设。——译者注

第三章　初生之年

的信念，完全源自对安全的渴望。我们可以应付所预期的事情，但如果自然法则突然变更，我们就会灭亡。婴儿由于弱小而需要安抚，如果所发生的一切似乎均依照不变的规律，因而具有可预测性，那么他就会更快乐。到了童年后期，孩子开始喜欢冒险，但在初生之年，一切不寻常的事情都会让孩子感到惊恐。只要有可能，就不要让孩子感到害怕。如果孩子生病了，而你又很焦虑，那就把你的焦虑小心翼翼地藏起来，以免通过暗示传染给孩子。避免一切可能产生刺激的事情。如果孩子不按时睡觉、吃饭或排泄，你可以很在意，但不要让孩子看到，否则会助长他的自负心理。这种做法不仅适用于初生之年，随后的几年更得这么做。永远不要让孩子认为某种必需的日常行为——比如吃饭这件本应是快乐的事——乃是你所期望的东西，你为了自己开心而要他这么做。如果你这么做了，孩子很快就会察觉到自己获得了新的权力来源，并期望被哄着去做本应由他自发去做的事情。切勿以为孩子没有足够的才智来做出这样的行为。他的体力单薄，知识有限，但在这些局限不起作用之处，他的智力绝不在大人之下。在出生后的头 12 个月，孩子学到的东西比他在以后等长的时间内学到的东西还要多，如果没有相当活跃的智力，这是不可能的。

　　总而言之，即使是最小的婴儿，也要以尊重相待，把他当作一个将在这个世界上占据一席之地的人。不能为了贪图眼前的便利或照料孩子的乐趣而牺牲他的未来：两者同样有害。这里，也和别处相同，若要沿着正途前进，就必须把爱心和知识结合起来。

第四章　恐惧

在接下来的几章中,我将从各个方面讨论道德教育,尤其是 2 岁到 6 岁间的道德教育。到孩子 6 岁时,道德教育应该基本完成;也就是说,日后所需的更多美德,应当作为已形成的好习惯和已激起的进取心的产物,在孩子身上自动地发展起来。只有在早期的道德训练被忽视或不得法时,才需要在日后花费大量精力进行培养。

假定孩子已经健康快乐地满了周岁,且通过前一章所述的方法,已经为获得训练有素的品性奠定了良好基础。当然,即使父母采取了目前科学上已知的所有预防措施,还是会有一些孩子的健康状况不佳。但随着时间的推移,我们可以期望他们的数量会大幅减少。即使是现在,如果既有知识已得到充分利用,它们本该已经少到在统计学上无足轻重。我不打算考虑对于早期训练不佳的孩子该怎么办,这是学校校长的事,而不是家长要面对的问题,而本书是专门写给父母们看的。

人生的第二年应该是非常幸福的一年。走路和说话是带来自由感和力量感的新成就。孩子在这两方面每天都有进步。①

---

① 这种说法或许并不完全准确。大多数孩子都有明显停滞的时期,这会让缺乏经验的家长感到焦虑。但在这些阶段,儿童很可能在以不易察觉的方式进步。

第四章 恐惧

独立玩耍成为可能,孩子"见识世界"(seeing the world)的感觉比一个成人的环球旅行还要真切生动。鸟儿和花朵,河流和大海,汽车、火车和轮船,都能引发愉悦和强烈的兴趣。好奇心是无止境的:"我要看"是这个年龄段最常说的话之一。在花园、田野或海边自由自在地跑动,会产生一种摆脱婴儿床和婴儿车束缚的强烈的喜悦。消化功能通常比第一年更强,食物也更加多样化,咀嚼也是一种新的乐趣。基于以上原因,孩子只要得到适当照料并且保持健康,对他而言生命就是一场美妙的探险。

但随着行走和跑动独立性的增强,也容易产生此前未有的胆怯。新生儿很容易受到惊吓;约翰·华生博士[①]和他的夫人发现,最使婴儿受惊的东西莫过于巨大的声响和坠落的感觉。[②] 不过,婴儿受到周全的保护,以至于很少有机会合理地体验恐惧;即使在真正的危险中,他们也无能为力,所以恐惧对于他们丝毫无效。在第二年和第三年,新的恐惧又出现了。这种恐惧在多大程度上是由联想引起的,又在多大程度上是发自本能的,这是一个有争议的问题。恐惧在第一年不存在的事实并不能确凿地证明它们不是本能的,因为一种本能可能在任何年龄成熟。即使是最极端的弗洛伊德[③]主义者也不会坚称性

[①] 约翰·华生(John Broadus Watson,1878—1958),美国心理学家、行为主义心理学创始人,强调环境对行为的塑造。——译者注

[②] "Studies in Infant Psychology",*Scientific Monthly*,December,1921,p. 506.

[③] 弗洛伊德(Sigmund Freud,1856—1939),奥地利心理学家、精神分析学派创始人,提出潜意识、性欲论、人格结构等理论,著有《梦的解析》等书。——译者注

本能生来就已经成熟。与不会走路的婴儿相比，会自己跑来跑去的孩子显然更需要恐惧感；因此，如果恐惧的本能是随着这种需要而产生的，那就不足为奇了。这个问题在教育上极为重要。如果一切恐惧均由联想引起，那么只要用一种简单的方法，即不在孩子面前表现出恐惧或厌恶，即可预防恐惧。反之，如果有些恐惧是出于本能，那就需要采用更复杂的方法应对。

查尔默斯·米切尔博士①在《动物的幼年时期》(The Childhood of Animals) 一书中，用大量的观察和实验表明动物幼崽通常没有遗传性的恐惧本能。② 除了猴子和少数几种鸟类，它们看到本物种长期以来的天敌，比如蛇，丝毫不会惊慌，除非它们已被父母教会要害怕这些动物。1岁以下的孩子似乎从来不害怕动物。华生博士用如下方法教会了一个孩子怕老鼠：向孩子展示老鼠时，在他脑后不断敲锣。锣声很可怕，于是通过联想，老鼠也变成可怕的。但是，在出生的头几个月，似乎根本不存在对动物的本能恐惧。同样，如果孩子没有接触过黑暗很可怕的暗示，似乎也不会对黑暗产生恐惧。当然，我们有充分的理由认为：大多数被我们视为本能的恐惧都是后天习得的，如果不是成人制造了这些恐惧，恐惧本不会出现。

为了在这个问题上获得新的认识，我仔细观察了自己的孩子；但由于我并不总是知道保姆和女佣可能对他们说了什么，

---

① 查尔默斯·米切尔 (Peter Chalmers Mitchell, 1864—1945)，英国动物学家，创建了惠普斯奈德动物园（世界首个开放式的野生动物园）。——译者注

② 我是从保罗·鲍斯菲尔德博士所著《性与文明》(Sex and Civilization by Dr. Paul Bousfield) 的引文中获知这些说法的，该书也强烈倡导相同的观点。

第四章 恐惧

所以对事实的解释恐怕多有可疑之处。就我所能判断的部分来说，孩子们的表现确能证实华生博士关于出生第一年的恐惧的观点。在第二年，他们仍没有表现出对动物的恐惧，除了我女儿有段时间害怕过马。不过，这显然归因于这一事实：一匹马突然从她身边飞奔而过，发出了很大的声响。她现在还不到2岁，因此我对更晚时期的观察是依据我的儿子。在他快满2岁时，来了一位新保姆，这位保姆总是胆怯，尤其怕黑。他很快就染上了她的恐惧（起初我们对此一无所知）；他看见狗和猫就逃走，在黑暗的橱柜前吓得畏缩不前，天黑后室内各处都要开灯，甚至第一次见到他的妹妹时也害怕，显然以为她是某种未知物种的奇怪动物。① 所有这些恐惧可能都是从胆小的保姆那里传染来的；事实上，在她离开后，这些恐惧逐渐消失了。不过，还有一些恐惧不能用同样的方法来解释，因为这些恐惧在保姆来之前就有了，所恐惧的对象都是成人并不感到惧怕的。这些恐惧之中，最主要的是对一切以出人意料的方式移动的东西的恐惧，尤其是影子和机械玩具。经过观察，我了解到这种恐惧在儿童时期是正常的，而且有充分的理由将其视为本能。威廉·斯特恩②所著《幼儿心理学》（*Psychology of Early Childhood*）从第494页开始，以"对神秘事物的恐惧"为标题探讨了这个问题。他的论述如下：

这种恐惧形式的特殊意义，尤其是在幼儿期，未引起

---

① 我认为这种恐惧与对机械玩具的恐惧是一样的。他第一次看见妹妹睡觉时，以为她是一个玩具娃娃；当她动起来时，他吓了一跳。

② 威廉·斯特恩（William Stern, 1871—1938），德国心理学家，著有《人格心理学》，首创"智商"（IQ）概念，其理论为智力测验的发展奠定基础。——译者注

以前的儿童心理学家的注意；最近才由格鲁斯①和我们确认。"对陌生事物的恐惧似乎比对已知危险的恐惧更多地属于原始天性。"（格鲁斯，第284页）如果儿童遇到的事物与他熟悉的知觉过程不符，可能会出现三种情况。要么是对这样的东西感觉很陌生，以至于像异物一样被直接排斥，从而不会有意识地注意到它。或者，正常的知觉过程明显被打断，足以引起注意，但并没有剧烈到造成干扰；更准确地说，这是好奇，是求知欲，是所有思考、判断、探究的开始。最后一种情形是，新的事物突然猛烈地冲击旧的东西，使熟悉的观念陷入意想不到的混乱，而又不可能立即作出有效调整；接踵而来的是伴有强烈不快的惊愕，即对神秘（离奇）之物的恐惧。格鲁斯已经以敏锐的洞察力指出，这种对离奇之物的恐惧明显也是基于本能的；它与人类代代相传的某种必需的生物学机制相对应。

斯特恩列举了许多例子，其中包括对突然撑开的雨伞的恐惧和"对机械玩具的习惯性恐惧"。顺便提一下，前者在马和牛身上表现得也非常强烈：一大群牲畜可因此吓得四散奔逃，这是我亲自验证过的。我儿子在这方面的恐惧就像斯特恩描述的那样。当在家看不见的物体（例如公共汽车）从街上经过，将模糊不清且快速移动的影子投进室内，他会被这种影子吓到。我用自己的手指在墙上和地板上制造投影，并让他模仿我，从而治好了他的恐惧；很快他就觉得自己明白影子是怎么

---

① 格鲁斯（Karl Groos，1861—1946），德国心理学家，提出"游戏预演论"，认为游戏是动物和儿童对未来生存技能的练习。——译者注

第四章 恐惧

回事，开始享受它们带来的乐趣。同样的道理也适用于机械玩具：当他看到玩具内部的机械装置时，他就不再害怕了。但如果看不见机械装置，克服恐惧的过程就会很缓慢。有人给了他一个垫子，坐上去或者按压时，垫子会发出悠长的哀鸣声。这让他害怕了很长时间。但无论如何，我们都没有把这个可怕的东西完全藏起来，我们把它放在远处，因此只会产生轻微的惊吓；我们营造逐渐熟悉的感觉；我们坚持不懈，直到恐惧完全消失。一般来说，起初引起恐惧的那种神秘性，在恐惧被克服后转而会带来快乐。我认为，对于非理性的恐惧，决不能简单地放任自流，而应通过熟悉其较弱的形式而逐渐克服。

对于孩子完全缺乏的两种合理恐惧，我们采取了恰好相反的处理方式——这种做法也许并不正确。我一年中有一半时间住在岩石密布的海岸边，那里有许多悬崖。我儿子对高处的危险毫无感觉，若我们放任不管，他也许会径直冲出悬崖，坠入海中。有一天，我们坐在一个陡峭的斜坡上，斜坡的尽头是百英尺高的悬崖，我们就像解释纯粹的科学事实一样，平心静气地告诉他：如果他越过斜坡边缘，他就会像盘子一样掉下去摔碎。（他最近看到一个盘子掉在地上摔成了好多碎片。）他静静地坐了一会儿，自言自语地说"掉下""摔碎"，接着便要求带他离边上远一些。这是在他大约两岁半时的事情。从那以后，只要我们看住他，他对高处的恐惧就足以保证他的安全。但如果对他听之任之，他还是会非常鲁莽。现在他（3岁零9个月大）能毫不犹豫地从6英尺高的地方跳下，倘若我们容许，他还会从20英尺高的地方跳下。可见，在恐惧方面的教导显然没有矫枉过正。我将其归因于这一事实：孩子对恐惧的学习不是通过联想，而是通过指导，在进行指导时，我们自己并不感到害怕。我认为这一点在教育中非常重要。对危险的合理担心是必要的，但恐惧则大可不必。没有一定程度的恐惧，孩子是无法理解危险的，但这种程度可以大大减小，只要教导者本人并不表现出恐惧。照管孩子的成人绝不应心怀畏惧。这就是女性何以应像男性一样培养勇气的原因之一。

第二个例子我就没有那么大费周章了。有一天，我正和儿子（3岁零4个月大）一起散步时，在路上发现了一条蝰蛇。他看过蛇的图片，但从未见过真正的蛇。他不知道蛇会咬人。看到蝰蛇之后他很高兴，当蛇滑走时，他就追着蛇跑。我知道他不可能追上蛇，就没有制止他，也没有告诉他蛇很危险。不过，从那时起，他的保姆就不让他在茂盛的草丛里跑了，理由是那里可能有蛇。结果他产生了轻微的恐惧，但并没有超出我们认为应有的程度。

迄今为止，最难克服的是对海的恐惧。我们第一次尝试带儿子下海是在他2岁半的时候。一开始简直难如登天。他不喜欢海水的冰冷，涛声也把他吓到了，在他看来海浪似乎一直在涌来，从未退去。如果海浪很大，他甚至不愿靠近海边。这是对所有事物都感到胆怯的时期；动物、怪声和其他各种事物都会让他惊恐。我们采取渐进的方式来消除他对海的恐惧。我们把孩子放到远离海边的浅水池里，直到单纯的水凉不再让他感到害怕；当4个温暖的月份结束时，他已能在远离海浪的浅水里拍水取乐了，但如果我们把他放到水深及腰的深水池里时，他还是会哭闹。我们使他习惯涛声的方法是：先让他在看不见海浪的地方玩上一小时，然后我们又将他带到能看见海浪的地

第四章 恐惧

方,让他注意到海浪涌上来之后又会退下去。所有这一切,加上父母和其他孩子的榜样,只能使他做到这样的程度:可以接近海浪而不感到恐惧。我深信,这种恐惧是本能的;我相当肯定,没有任何联想会引起这种恐惧。第二年夏天,在他3岁半的时候,我们又开始这么做。他仍然害怕真正走进波浪中。我们多次劝诱,再让他看别人都在海里畅游,但均未奏效,我们只好老调重弹了。当他表现出胆怯时,我们就让他感到我们都在为他羞愧;当他展现出勇气时,我们就热烈地表扬他。在大约两周的时间里,我们每天都不顾他的挣扎和哭喊,把他投进齐脖深的海水里。① 他挣扎和哭喊得越来越少,在它们消失之前,他已经开始要求我们把他放进水中了。到两周结束时,预期的效果达到了:他不再害怕大海。从那时起,我们给他完全的自由,只要天气适宜,他就可以自己到海里游泳——显然,他游得非常开心。恐惧并没有完全消失,只是被自尊心部分地压制住了。不过,熟悉使他的恐惧迅速减弱,现在他的恐惧已经完全消失了。他的妹妹现在20个月大,从来没有表现出对大海的恐惧,会毫不犹豫地直接跑进海里。

  我之所以要详细介绍这件事,是因为它在某种程度上违背了我非常尊重的现代理论——教育中应当极少使用强迫。但我认为,在战胜恐惧方面,强迫有时是有益的。如果恐惧非理性且强烈,孩子单凭自己永远不会有经验来证明恐惧是毫无根据的。只要不受伤害地反复经历某一情境,熟悉就会消除恐惧。

---

① 我在他同样年纪时,大人们对我采用的方法是倒提着我的脚跟,把我的头浸在水里一段时间。这个怪招居然获得成功,使我喜欢起水;不过,我并不推荐这种方法。

让孩子仅拥有一次可怕的体验很可能是没有用的；必须经常提供这样的体验，达到足以使孩子变得不再吃惊的程度。倘若无须强迫就能获得必要的经验，自然再好不过；但如果不能，强迫可能比任由一种无法克服的恐惧持续存在要好。

还有一点需要指出。就我儿子来说，想必其他孩子也是如此，克服恐惧是一种非常愉快的体验。它易于唤起孩子的自豪感：当因勇敢而赢得赞美时，他一整天都会喜气洋洋。长大一些后，胆怯的孩子会因为其他孩子的轻视而苦恼，这时他就更难养成新习惯了。因此，我认为，在恐惧方面及早学会自我控制，及早学会身体方面的技能，这两点都非常重要，值得采用一些较为严厉的方法。

父母通过犯错来学习，只有当孩子长大时，他们才懂得原本应该如何教育孩子。因此，我将讲述一件事来说明过度迁就的危害。我儿子两岁半时，开始独自在一个房间睡觉。从婴儿寝室中"高升"出来，他颇觉自豪，起初，他是整夜安眠的。但有一天晚上刮起了大风，栅栏被吹倒，发出震耳的撞击声。他吓醒了，大哭起来。我立刻跑到他身边：他显然是从噩梦中惊醒，心狂跳不止，紧紧地抱住我。很快，他的惊恐消失了。但他抱怨房间太黑了——通常在那个季节，他都是在黑暗中一觉睡到天亮的。我离开之后，他的恐惧似乎又回来了，于是我给了他一盏夜灯。从那以后，他几乎每晚都要哭闹一番，后来我们才弄清，他这么做只是为了享受大人过来哄他的乐趣。于是，我们很耐心地告诉他黑暗中并无危险，并跟他说，如果他醒了，就翻个身再睡，除非有什么严重的事情，否则我们不会再过来看他。他认真地听了，后来除了几次偶发的严重事件

第四章 恐惧

外,再也没有哭闹过。当然,夜灯也不再用了。要是我们当时再纵容他一些,很可能会使他长期乃至终生都睡不好觉。

个人经验就谈到这里。现在我们必须进一步从更普遍的角度来考虑消除恐惧的方法。

孩子出生数年之后,身体上勇敢的最好导师是其他孩子。如果一个孩子有哥哥姐姐,他们的言传身教都是对他的激励,只要他们能做到的,他也会努力去做。在学校里,身体上的怯懦是被鄙视的,这用不着作为成年人的教师来强调。至少在男生中是如此。女生中的情形也应如此,她们应具有与男生完全相同的勇敢标准。值得庆幸的是,身体方面,女学生不再被教导要保持"淑女样"(lady-like),她们对提高身体素质的自然冲动已经有了很多施展机会。不过,在这方面,男孩和女孩还是有一些差别的。我坚信这种差异不应该存在。①

当我说勇敢是值得拥有的,我采用的是纯粹行为主义的定义:当一个人做了别人可能因为恐惧而做不到的事情时,他就是勇敢的。如果他不感到恐惧,那就更好了;我不认为通过意志来控制恐惧是唯一真正的勇敢,甚至是勇敢的最佳形式。现代道德教育的秘诀在于通过良好习惯产生成效,而这些习惯以前是通过自制力和意志力产生(或试图产生)的。依靠意志的勇敢会引起神经紊乱,这方面"炮弹休克症"已经提供了无数例证。被压抑的恐惧会以内省无法察觉的方式涌上心头。我并不是说完全放弃自制力;相反,没有自制力的人无法过连贯一致的生活。我的意思是,应该只有在面临意外状况时,才

---

① 见 Bousfield, "Sex and Civilization", *Passim*。

需要自我控制，因为教育并未预先针对意外提供应对之道。即使有可能，把全体民众都训练得能毫不费力地拥有战争中所需的那种勇气，也是愚蠢的。这是一种反常的临时需要，极为特殊，以致如果年轻时被灌输了战壕中所需的那些习惯，那么所有其他的教育都会受到阻碍。

已故的里弗斯博士①在他的《本能与无意识》(Instinct and the Unconscious) 一书中，对我所熟知的恐惧给出了最出色的心理学分析。他指出，应对危险情况的一种方法是操控性活动，那些能够充分运用这种方法的人，不会或者至少不会在意识层面感受到恐惧的情绪。从恐惧逐渐转化出技能，这是一种宝贵的经验，既能激发自尊，又能促进努力。即使是学习骑自行车这样简单的事情，也能多少提供一点这种经验。在现代社会，由于机械装置的增多，这种技能变得越来越重要。

我建议，应尽可能通过学习操作性或控制性的技能，来培养身体上的勇敢，而不是通过与其他人进行身体较量。在我看来，登山、操纵飞机或在狂风中驾驭小船所需要的勇气，远比战争所需要的勇气更令人钦佩。因此，只要有可能，我会采用多少有些危险的技巧性活动，而非足球这样的东西来训练学童。如果说有敌人要征服的话，这敌人是物而不是人。我并不是说要生搬硬套地践行这个原则，而是说在体育运动中，这一原则应比现在更受重视。

当然，身体上的勇敢也有较为被动的表现。比如忍住伤痛

---

① 里弗斯（W. H. R. Rivers，1864—1922），英国心理学家、人类学家。将实验心理学引入人类学，"一战"期间对"炮弹休克症"进行治疗并提出心理创伤理论。——译者注

第四章 恐惧

而不小题大做。在孩子有了小病小灾时不给予过多怜惜，就能使他们学到这一点。后来生活中频频出现的情绪失调主要由于过度渴望同情：人们会通过装病来得到期盼的宠爱和温柔对待。一般来说，只要不鼓励孩子一擦伤或碰伤就哭，就可以防止这种倾向的形成。娇纵女孩和娇纵男孩一样有害；要想让女性与男性平等，她们绝不能在要求较为苛刻的那些美德上逊色。

现在我要谈谈各种并非纯属身体方面的勇敢，这种勇敢更为重要，但如果不以更基本的勇敢为基础，就很难充分发展它们。

关于对神秘事物的恐惧，我们已经在讨论孩子特有的恐惧时提到过。我认为这种恐惧是一种本能，具有巨大的历史重要性。大多数迷信都源于此。日月食、地震、瘟疫等事件会在缺乏科学知识的群体中引发极强烈的恐惧。无论是对个人还是对社会，这都是一种非常危险的恐惧；因此，很有必要在年轻时就消除这种恐惧。科学的解释就是最好的灵丹妙药。没必要对乍一看神秘的所有事物都进行解释：在给几次解释之后，孩子就会假定其他情况也有解释，并且可以对他说"迄今还无法解释"。重要的是要让孩子尽早产生这样的感觉：神秘感只是源于无知，而这种无知可以通过耐心和活动心智消除。一个显著的事实是，一旦克服了恐惧，那些起初因其神秘性而让孩子们感到恐惧的事物，会让他们感到快乐。因此，一旦神秘不再助长迷信，它就会成为学习的动力。我的儿子在 3 岁半的时候，用了好几个钟头独自全神贯注地研究花园里的水枪，直到他弄清楚水是怎么进去、空气是怎么出来的，以及相反的过程是如何发生的。哪怕是很小的孩子，经过解释，也可以理解日月食。只要有可能，凡使孩子恐惧或感兴趣的事情，都应进行解释；这就将恐惧转化为科学兴趣，其过程完全顺应本能，也是人类历史的复演。

在这方面，有些问题很难处理，需要极大的技巧。最棘手的莫过于死亡问题。孩子很快会发现植物和动物都会死去。在他6岁之前，很可能他认识的某个人就会去世。如果他心思灵敏，他就会想到他的父母会死，甚至他自己也会死（要想到这点比较难）。这些想法会产生一系列问题，必须谨慎回答。有传统信仰的人比起认为死后生命不复存在的人，更容易回答这些问题。如果你持后一种观点，就不要说任何违心的话；世上没有任何理由能让父母对孩子说谎。最好解释说死亡就像一场人们不会醒来的睡眠。这话应该说得轻松随意些，就好像死亡是可以想象到的最普通的事情一样。如果孩子担心自己会死，告诉他这在很多很多年内都不太可能发生。在人生早期，试图向他灌输斯多葛学派①蔑视死亡的思想是没有用的。不要挑起这个话题，但当孩子提到时也不要回避。尽你所能让孩子觉得死亡并不神秘。只要他是一个正常、健康的孩子，这些方法就足以让他不再为此烦恼。不管是多大的孩子，都要充分而坦诚地交流，告诉他你所相信的一切，并传达出这个话题相当无趣的印象。无论老人还是孩子，花太多时间思考死亡都不是好事。

除了对特定事物的恐惧之外，儿童还容易产生弥漫性的焦

---

① 斯多葛学派（Stoicism），古希腊哲学流派，主张顺应自然、理性克制，认为死亡是不可避免的自然过程，是宇宙秩序的一部分，因此应漠然置之。——译者注

第四章 恐惧

虑。这通常是由于长辈对他们的束缚过多，所以现在这种情况不像过去那样常见了。没完没了的唠叨、禁止喧哗、无休止的礼仪教导，让童年成为一段痛苦的时光。我还记得 5 岁的时候，有人告诉我，童年是人生中最幸福的时期（在那个时候，这完全是个谎言）。我哭得不能自已，恨不得一死了之，不知道该如何忍受那些即将到来的苦闷岁月。如今，几乎难以想象会有人对孩子说这样的话。孩子的生活本能地是向前看的：它总是指向日后可能实现的事情。这也是激发孩子努力的动力之一。使孩子变得怀旧，把未来描绘得比过去糟糕，就等于从根本上扼杀了孩子的生命。然而向儿童侈谈童年期的种种快乐，就是那些无情的感伤主义者过去的作为。幸运的是，他们言论的影响并不持久。小时候，我相信成年人在大部分时间里一定非常快乐，因为他们不用上课，并且可以吃自己喜欢的东西。这种信念是健康且具有激励作用的。

害羞是一种令人苦恼的胆怯，在英国、中国和美国部分地区很常见，但在其他地方则较为少见。害羞部分源于很少与陌生人接触，部分源于对社交礼仪的过分强调。如果方便的话，1 岁之后就应该让孩子习惯见到陌生人并跟他们接触。至于礼仪，起初只需教给他们最基本的规矩，以避免成为令人难以忍受的讨厌鬼。让他们不受约束地和陌生人待上几分钟，然后被带走，比期望他们安安分分地待在屋里好。但在 2 岁以后，教他们每天花一定的时间，用图画、黏土、蒙台梭利教具或类似的东西安静地自娱，不失为一个好办法。总归会有孩子能明白的理由来让他们保持安静。不应抽象地教授礼仪，除非可以把它当作一种有趣的游戏。但是，一旦孩子懂事了，他就应该意识到父母也有自己的权利；他必须给予别人自由，自己才能享有最大限度的自由。孩子们很容易理解公平，并且会很乐意给予他人自己从他人那里得到的东西。这就是良好礼仪的核心。

最重要的是，如果你想消除孩子的恐惧，你自己就要无所畏惧。如果你害怕雷电，孩子第一次在你面前听到雷声时就会染上你的恐惧。如果你表现出对社会革命的忌惮，孩子会因为不知道你在说什么而感到更加害怕。如果你对疾病忧心忡忡，你的孩子也会如此。生活中充满了危险，但智者会忽略那些不可避免的危险，对于那些可以避免的危险，会谨慎冷静地行动。你无法免于死亡，但你却能避免不留遗嘱地死去；因此，立下遗嘱，同时忘掉你不过是肉体凡胎。理智地防范不幸与恐惧截然不同；这是智慧的一部分，而所有恐惧都是盲目的。如果你无法避免恐惧，那就尽量避免让你的孩子对此产生疑虑。最重要的是，要让他有广阔的视野和多样的兴趣，这样在他日后的生活中，就不会一直惴惴不安于个人可能遭遇的不幸。也唯有这样，你才能助他成为宇宙中自由的公民。

第五章　游戏与想象

爱玩是所有幼年动物最显著的特征，不论是人类还是其他动物。对儿童来说，这种爱好跟假扮（pretence）所带来的无穷乐趣是分不开的。玩耍和假扮是童年必不可少的需求，如果要让孩子快乐健康地成长，就必须为他们提供这样的机会，更何况这些活动还有别的益处。在这方面，有两个问题与教育相关：第一，在机会提供方面，家长和学校应该做些什么？第二，为了提升游戏的教育作用，他们还应该做些什么？

让我们先简要谈谈游戏心理学。格鲁斯已经详尽地论述了这一问题；上一章提到的威廉·斯特恩那本书中有较简短的讨论。这件事涉及两个不同的问题：第一，什么样的冲动引发了游戏；第二，游戏的生物学功用。第二个问题比较容易回答。最广为接受的理论似乎毋庸置疑，即任何物种的幼崽都在游戏中预演和练习它们以后必须认真完成的活动。小狗的游戏和大狗的打斗（dog-fight）完全一样，只是前者不会真的相互撕咬。小猫的游戏类似于大猫对待老鼠的行为。孩子们喜欢模仿任何他们所见到的工作，如建造或挖掘；在他们看来越是重要的工作，他们就越喜欢模仿。他们喜欢任何能获得新的肌肉能力的活动，如跳跃、攀爬或在狭窄的木板上行走——只要任务不是太难。虽然这种理论大致解释了游戏冲动的功用，但它绝没有涵盖这种冲动的所有表现形式，也绝不能被视为一种心理学分析。

一些精神分析学家试图在儿童游戏中看到性的象征。我确信这完全是无稽之谈。童年的主要本能冲动不是性，而是渴望长大成人，或者更准确地说，是权力意志（the will to power）。[①]儿童深感与大人相比时自己的弱小，他希望能与他们平起平坐。我记得，当我儿子意识到有一天会他会长大成人，而我曾经也是一个孩子时，他心花怒放；由此可见，一旦意识到成功的可能性，就能激发努力。从很小的时候起，孩子就希望做大人能做的事，模仿行为就表明了这一点。哥哥姐姐于孩子而言是大有裨益的，因为他们的意图能被理解，他们的能力也不像成人的那样难以达到。儿童的自卑感非常强烈；如果他们一切正常且得到恰当教育，这种自卑感会激励他们努力，但如果他们受到压抑，这种自卑感就会成为不快乐的根源。

在游戏中，我们有两种形式的权力意志：一种体现在学习做事，一种体现在想象。正如受挫的成人也许会沉溺于具有性意味的幻想，正常儿童也会沉迷于具有权力意味的假扮。他们喜欢装扮成巨人、狮子或火车；他们希望通过假扮引起别人的恐惧。当我给儿子讲《消灭巨人的杰克》[②] 的故事时，我试图

---

① Cf. "The Nervous Child" by Dr. H. C. Cameron (3rd ed., Oxford, 1924), p. 32ff.

② 《消灭巨人的杰克》（*Jack the Giant Killer*），经典英国童话，讲述少年杰克杀死巨人成为英雄的故事。——译者注

第五章 游戏与想象

让他认同杰克，但他坚定地选择当巨人。当他母亲给他讲述《蓝胡子》[①]的故事时，他坚持要当蓝胡子，并认为蓝胡子的妻子因不顺从而受到惩罚是罪有应得。在他的游戏中还出现过砍下女人头颅这样残忍的情节。弗洛伊德主义者会说这是性虐待倾向，但他同样喜欢假装自己是一个吃小孩的巨人，或者一个能拉动重物的发动机。这些假扮中的共同要素是权力，而不是性。有一天，我们散步回来，我显然是开玩笑地对他说：也许有一位蒂德利温克斯[②]先生占了我们的房子，他可能不准我们进屋。之后很长一段时间，他都站在门廊上假装自己是蒂德利温克斯先生，并命令我到别的人家去。他对这种游戏乐此不疲，显然，假装拥有权力让他志得意满。

然而，如果认为权力意志是儿童游戏的唯一源泉，那就过于简单化了。他们也喜欢假装恐惧——也许是因为知道这不过是假装，会增强他们的安全感。有时，我假装自己是鳄鱼，要把我儿子吃掉。他的尖叫声非常逼真，以至于我停下来，以为他真的被吓到了；但我一停下来，他就会说："爸爸再装一次鳄鱼。"假扮的乐趣有很多完全就是表演的快乐——这和成年人喜欢小说和戏剧是一样的。我认为所有这些活动都含有好奇的成分：通过扮成熊，孩子觉得自己好像对熊有了了解。我认为，儿童生命中的每一种强烈冲动都会在游戏中得到反映：权力因素只有在儿童的欲望中占主导地位时，才会相应地在其游

[①]《蓝胡子》（*Bluebeard*），法国童话故事，讲述贵族蓝胡子的新娘险遭杀害后被兄弟解救的故事。——译者注

[②] 蒂德利温克斯（Tiddliewinks），一种用大小圆盘进行弹击的桌面游戏。——译者注

戏中占主导地位。

至于游戏的教育价值，所有人都会一致称赞那些旨在获得新技能的游戏，但对那种属于假扮的游戏，许多现代人则持怀疑态度。在成人生活中，幻想或多或少被认为是病态的，是现实领域中努力的替代品。幻想所受到的一些诋毁也波及儿童的假扮上，我认为这是非常错误的。蒙台梭利学校的教师不喜欢孩子们把他们的教具当成火车或轮船什么的：这被称为"混乱的想象"。他们说得很对，因为孩子们并不是真的在做游戏，即使对他们自己来说可能跟游戏并无不同。教具能逗孩子开心，但其目的是教导；娱乐只是教导的一种手段。而在真正的游戏中，娱乐就是首要目的。当对"混乱的想象"的反对延伸到真正的游戏中时，在我看来就有些过头了。反对向孩子们讲述仙女、巨人、巫婆和魔毯之类的故事，也同样过分。跟对其他种类的禁欲主义者一样，我对真理上的禁欲主义者也无法认同。人们常说，孩子不会区分假象和真实，但我认为没有什么理由相信这一点。我们不相信哈姆雷特曾经存在，但如果有人在我们欣赏戏剧时不断提醒我们这一点，我们会很恼火。所以，生硬地提示事实，也会让孩子扫兴，但他们却丝毫不会被自己的想象所蒙蔽。

真实是重要的，想象也是重要的；不过，如同在人类的历史中一样，在个体的历史中，想象也是相对更早地出现。只要孩子的生理需求得到满足，他就会觉得游戏比现实有趣得多。在游戏中他是国王：事实上，他统治自己领地的权力比任何世俗君主都要大。而在现实生活中，他必须按时上床睡觉，还要遵守一大堆烦人的规矩。倘若不识趣的大人贸然闯入他布置好的场景（mise-en-scène），他会很恼怒。当他筑起一堵连最大的巨人都无法逾越的墙，而你却草率地跨了过去，他就会像罗穆卢斯对瑞摩斯①那样大为光火。既然孩子比其他人弱小是正常的而非病态的，那么他用幻想来补偿现实，也是正常的而非病态的。他的游戏并没有占用本可以更有益地用于其他方面的时间；如果孩子所有的时间都用来做正经事，他的精神很快就会崩溃。一个耽溺于梦想的成年人可能会被告知要努力去实现梦想，但孩子还没有能力实现他本就有权拥有的梦想。他不会视幻想为现实永久的替代品，相反，他热切地希望时机一到就将其转化为现实。

将真实与事实混为一谈是一个危险的错误。我们的生活不仅受事实的控制，也受希望的引导；那种只看到事实而不计其余的真实性是对人类精神的桎梏。只有当梦想被用来逃避和取代改变现实的努力时，它才应遭受谴责；当梦想成为一种动力时，它们就是在实现作为人类理想化身的重要目标。扼杀童年时期的想象，就等于使孩子成为现实的奴隶，成为被束缚在尘世中的畜类，因而不可能创造出天堂。

你可能会说，此话不假，但这与吃小孩的巨人或将妻子砍头的蓝胡子有什么关系呢？难道这些东西会出现在你的天堂里吗？在服务于任何美好的目标之前，难道不应该先对想象进行净化和升华吗？你作为一个和平主义者，怎么能让你天真无邪的儿子陶醉于毁灭人类生命的念头中呢？你如何证明那些从人

---

① 罗穆卢斯（Romulus）与瑞摩斯（Remus）是罗马神话中的一对孪生子，他们一起缔造了罗马城。当罗穆卢斯建造城墙时，瑞摩斯一脚跨过以示嘲讽，引起罗穆卢斯愤怒，将其杀死。——译者注

类必须摒弃的野蛮天性中所生发出的快感,是正当的呢?想必读者会有这种种疑问。这个问题非常重要,我将尝试说明我为何持有不同的观点。

教育在于培养本能,而不是压制本能。人类的本能非常模糊,可以通过各种方式获得满足。对大部分本能来说,为了满足它们,需要某种技能。板球和棒球满足的是同一种本能,但孩子玩的总是他学过的那种。因此,与品性方面有关的教育的秘诀是,给人提供可以引导他有益地发挥其本能的那类技能。孩童时期的权力本能可以通过当"蓝胡子"得到原始的满足,而在以后的人生中,这种本能可以通过诸如科学探索、艺术创作、造就和培养优秀的孩子,或者其他无数有益活动中的任何一种得到更为高雅的满足。如果一个人只知道如何打仗,他的权力意志就会使他以战争为乐。但如果他有其他技能,他就会通过其他方式找到满足感。然而,如果他的权力意志在孩提时代就被扼杀在萌芽状态,他就会变得萎靡懒散,既不为善,也不作恶;他就会成为"上帝和上帝的敌人都讨厌"① 的人。这种懦弱的"善良"并非世界所需,也不是我们应该在孩子身上培养的品质。当孩子尚幼,不能造成大损害时,他们在想象中过着远古时代野蛮祖先的生活,这在生物学上是很自然的事情。只要你能给予他们获得更高雅的满足所需的知识和技能,就不必担心他们会在这个水平上逡巡不前。我小时候喜欢翻跟头,现在我再也不这样做了,尽管我不认为这样做有什么坏处。同样,喜欢当"蓝胡子"的孩子也会超越这种爱好,学

---

① "上帝和上帝的敌人都讨厌"(a Dio spiacenti e a' nemici sui)出自意大利诗人但丁的《神曲·地狱篇》第 3 章。——译者注

会用其他方式寻求权力。如果他的想象力在孩童时期能够通过适合这一阶段的刺激而保持活跃，那么以后当它能以适合成人的方式进行运用时，它就更有可能继续保持活力。在一个道德观念不能引起响应且还不需要它们来约束行为的年龄段，强行灌输道德观念是毫无用处的。这种做法导致的唯一结果就是惹人厌烦，以及到了这些道德观念可以发挥效用的年龄段后对它们无动于衷。这就是为什么研究儿童心理学对教育如此重要的原因之一。

儿童后期游戏与早期的游戏不同，它们的竞争性越来越强。起初，孩子是独自玩耍的；婴儿很难加入哥哥姐姐们的游戏。但是，一起玩耍一旦成为可能，就会变得如此令人愉悦，以至于独自玩耍很快就显得无趣了。英国上层阶级的教育一直赋予学校里的游戏巨大的道德重要性。在我看来，英国人的这种传统观点有些夸大其词，尽管我承认游戏有某些重要价值。只要不是太过专门，游戏对健康是有好处的；如果太看重特殊的技巧，最好的选手就会表现得过火，而其他人则会沦为看客。游戏让孩子们学会忍受伤痛而不大惊小怪，愉快地承受巨大的疲劳。但在我看来，他们宣称的游戏的其他好处多半是虚幻的。据说游戏教人合作，但事实上游戏只教人竞争形式的合作。这是战争所需要的合作形式，而不是工业生产或正常的社会关系所需要的。科学在技术上已经使得在经济和国际政治中用合作取代竞争成为可能；与此同时，科学也使（战争形式的）竞争比过去更加危险。因此，现在培养合作性事业的理念比以往任何时候都更为重要：追求以自然界为"敌人"，而非热衷人类间的非胜即败。我并不想过多地强调这一点，因为竞争是人类的天性，必须有宣泄的方式，不过除了游戏和体育比赛，很少有无害的竞争。这是不可取消游戏的合理理由，但不是将游戏提升到学校课程主导地位的合理理由。让孩子们因为喜欢玩耍而玩耍，而不是因为当局认为游戏是对抗日本人所谓"危险思想"①的良方。

在前一章中，我已经详细阐述了克服恐惧和培养勇气的重要性；但是，绝不能把勇敢与蛮横混为一谈。蛮横是以将自己的意志强加于他人为乐；勇气是对个人不幸的淡然处之。如果有机会，我要教孩子们驾船于汹涌波涛中，从高处跳水，驾驶汽车甚至飞机。我要像奥多的桑德森②那样，教他们制造机器，并在科学实验中探险。我会尽可能地把无生命的自然界设定为游戏中的对手；权力意志可以在这种竞赛中得到满足，就像在与其他人的竞争中一样。通过这种方式获得的技能比板球或足球技能更有益，由此所培养的品性也更符合社会道德。抛开道德因素不论，狂热地崇尚体育含有对理智轻视的意味。由于愚蠢，由于当权者不重视或不提倡理智，英国正在丧失其工业地位，甚至可能丧失其帝国头衔。这一切都跟体育运动至上的狂热信念有关。当然，还有更深层次的原因：认为一个年轻人的体育成绩能检验其价值，这表明我们普遍不懂得要用知识

---

① 本书成书时，日本正推行"思想善导运动"。为遏制社会主义等思潮扩散，日本政府通过审查出版物、强化学校德育等手段，企图将民众思想导向"忠君爱国"，为后来日本军部法西斯独裁统治奠定了基础。鼓励运动游戏即为"思想善导运动"的具体实践之一。——译者注

② "奥多的桑德森"指弗雷德里克·威廉·桑德森（Frederick William Sanderson，1857—1922），英国教育家，曾任英国奥多中学校长，强调科学与实践教育，推动近代英式中学改革。——译者注

第五章　游戏与想象

和思想来掌控复杂的现代世界。但关于这个问题，后面还要讨论，所以此处不拟多言。

学校里的游戏还有一个通常被认为有益但我认为总体而言并不好的方面；我指的是它在促进团结（esprit de corps）方面的功效。团结受到当权者的青睐，因为它能使当权者利用不良动机来达成被视为有益的行为。如果要人们作出努力，通过激发超越其他某个群体的欲望就很容易实现此效果。难的是无法为非竞争性的努力提供动机。竞争性动机对我们所有活动的侵蚀之深令人惊叹。如果你想说服某市在儿童护理方面改善公共供给，就必须指出相邻某市的婴儿死亡率更低。如果你希望说服某制造商采用一种显然更优的新工艺，你就得历陈竞争的危险。如果你想说服陆军部（War Office），让高层指挥人员掌握一点军事知识——不，这没法奏效，哪怕是对战败的恐惧也无济于事，"绅士"传统实在是太强大了。[①] 促使人们为了建设本身而建设，或者让人们在即便无人受损的情况下也能积极高效地工作，这方面我们还没付出过什么努力。比起学校里的游戏，我们的经济体制跟这点的联系更密切。但是学校里现存的游戏体现着竞争精神。若要以合作的精神取而代之，则必须改变学校里的游戏。但展开这一话题就会让我们离题太远。我思考的并非构建美好的国家，而是在国家的现状下，尽可能培养美好的个体。个体的进步和社会的改善必须齐头并进，但我在教育问题上主要关注的是个体。

[①] 见 e.g. "The Secret Corps", by Captain Ferdinand Tuo by Chap. Ⅵ, （Murray，1920）。

第六章 建设

本章的主题已经在考察游戏时顺便提及，但现在拟作专题讨论。

正如我们所见，儿童的本能欲望是模糊的；教育和机遇能将其转入诸多不同的轨道。无论是旧有的原罪观，还是卢梭的性善论，都与事实不符。天生的潜质在道德上是中性的，会受环境影响而被塑造成善或恶。我们有理由对这个事实保持一种审慎的乐观：除了病态的情形，大多数人的天性起初都可发展为善的形式；只要在刚出生后头几年做好身心卫生保健，病态的情形将会变得极少。适当的教育可以使人们顺乎本性地生活，但这会是经过训练和教化的本性，而非自然赋予的那种未经雕琢的原始冲动。本能的杰出塑造者是技能，那种能提供特定满足感的技能。一个人学到正确的技能，他就会有美德；学到错误的技能或者毫无一技之长，他就会变得卑劣。

这些一般性的说法特别适用于权力意志。我们都喜欢有所作为，但就权力欲而言，我们并不在意成就些什么事。大致说来，越难以达到的成就越让我们高兴。人们喜欢飞蝇钓法①，

---

① 飞蝇钓法，以仿生饵模拟飞蝇落水以吸引鱼类攻击的钓法，讲究抛投技巧与对水情的精准判断。——译者注

第六章 建设

因为它颇有难度；他们不会射杀静止的鸟，因为这太容易。我举这些例子，因为在这些活动中，除了娱乐之外，人们并没有其他动机。不过同样的原理适用于所有情况。学会了欧氏几何，我就不再喜欢算术；学会了解析几何，我就不再喜欢欧氏几何；[①] 诸如此类。孩子起初因会走路而喜悦，接着是奔跑，然后是跳跃和攀爬。轻易能做到的事不再给我们带来权力感；惟有新习得的技能，或拿捏不准的技能，才会给我们带来成功的狂喜。这就是为何不管学习什么类型的技能，权力意志总能不断适应。

建设和破坏都能满足权力意志，但通常来说建设更难，因此人们在这方面取得成功时也更满足。我不想对建设和破坏下一个旬斟字酌的精确定义；我认为，粗略地说，当某一系统是我们的兴趣所在，增强该系统的潜能就是建设，而削弱该系统的潜能就是破坏。或者，用更偏心理学的术语来说，当我们制造出一个预先设计好的结构时，我们就在建造；而当我们释放自然力来改变现有结构，而又对由此产生的新结构并不感兴趣时，我们就在破坏。无论如何看待这些定义，在实践中，我们都知道某种活动该被视为建设还是破坏，除非在少数情况下，有人声称他所进行的破坏是为了重建，而我们不能确定他是否真诚可信。

由于破坏更为容易，儿童游戏通常从破坏开始，以后才逐

[①] 欧氏几何通过逻辑演绎研究空间性质，解析几何标志着数学从图形思维转向抽象分析。初等欧氏几何（平面几何）入门门槛低，解析几何入门需要代数基础，但掌握后能高效解决欧氏几何中的复杂问题。——译者注

渐转入建设阶段。孩子在沙滩上喜欢让大人用水桶造出布丁一样的沙堆，然后将它们铲平。但是，一旦他自己能造沙堆，他就会乐此不疲，还不允许别人把沙堆毁掉。当孩子第一次拥有积木时，他喜欢推倒哥哥姐姐搭成的积木塔。然而，当他学会了自己搭积木，他就会对自己的成就无比自豪，无法忍受看到自己的建筑成果变成一堆废墟。在这两个阶段，促使孩子享受游戏的冲动完全相同，但这种冲动所产生的活动却因为新的技能而改变。

许多美德的雏形都是在对建设的快乐体验中产生的。当孩子请求你保留他建造的东西时，你可以很容易地让他明白，他也不能破坏别人的建造成果。通过这种方式，你可以让孩子尊重劳动成果，这是私有财产唯一无害于社会的来源。你还要激发孩子的耐心、毅力和观察力；没有这些品质，他就无法把塔建到他心仪的高度。和孩子们一起玩耍时，你只要做到足以激起他们的进取心，并清晰展示如何去做即可；之后，就应该让他们自己努力建设了。

如果孩子能来花园，则正好教给他一种更复杂的建设形式。孩子在花园里的第一反应是采摘每一朵诱人的花。通过禁令来制止这种行为很容易，但单纯的禁止作为一种教育方式是不够的。成人出于对花园的爱护而不会随意采摘，我们希望孩子也能产生这种爱护之心。成人爱护花园是由于他们认识到：为了得到怡人的园景需要付出多少劳动和努力。当孩子3岁时，可以把花园的一角划给他，鼓励他在里面播种。当种子萌芽，继而绽苞怒放时，他会觉得自己培植的鲜花珍贵美好；然后他就会明白，母亲培植的花朵也必须悉心对待。

第六章 建设

要杜绝不经意的残忍，培养孩子对建设和护生的兴趣是最易奏效的办法。几乎每个孩子到了一定年龄都有打死苍蝇和其他昆虫的念头；由此逐渐演变成对动物乃至人的杀心。在普通的英国上层家庭中，杀鸟被认为是可炫耀之事，而在战争中杀人则被视为最崇高的职业。这种态度符合未经教化的本能：这是没有任何建设性的技能，是那些权力意志得不到良性施展的人会有的态度。他们会杀死野鸡，也会欺压佃户；时机一到，他们也会射杀犀牛或德国人。但他们却完全欠缺更有益的技艺，因为他们的父母和老师认为把他们培养成英国绅士足矣。我不相信他们生来就比别的孩子愚笨些；他们日后的缺陷完全归因于不当的教育。如果他们从小就被引导用爱心去观察生命的历程，进而体会到生命的价值；如果他们学会了各种建设性技能；如果使他们充分认识到，人们殚精竭虑所缓慢取得的成果何等迅速轻易地毁于一旦，从而心存忧惧——如果这一切构成他们早年道德教育的一部分，他们就不至于轻易地破坏他人用同样方式所创造或爱护的东西了。在这方面，只要本能被充分地唤起，最能给成年人教益的方式就是亲子关系。但富人身上很少出现这种关系，因为他们把照顾子女的工作交给了雇用的专业人员；所以，在他们成为父母之前，我们就得着手去除他们的破坏性倾向。

凡是雇用过文盲女佣的作家都知道，要克制她们用他的手稿生火的热情是很困难的（公众可能希望是无法阻止）。作家的同行——即使他是一个富于嫉妒心的对手，也不会想要这么做，因为经验使他了解手稿的价值。同样，自家有花园的孩子不会践踏别人的花圃，自己有宠物的孩子能接受尊重动物生命的教诲。所有为自己的孩子操劳过的人，大概都懂得尊重人的生命。为儿女所承担的辛劳能够唤起强烈的父母亲情；那些逃避这种辛劳的人，其为人父母的本能多少会有些萎缩，只剩下了一种责任感。但是，自身的建设性冲动得到充分发展的父母，则更有可能为自己的孩子付出心血；因此，教育的这一方面也非常值得关注。

当我谈到建设性时，我想到的不仅是物质建设。表演和合唱等活动需要合作性的非物质建设；许多孩子和年轻人都喜欢这类活动，应该加以鼓励（虽然不可强制）。即使在纯粹理智的事务中，也可能有建设和破坏之分。传统教育几乎完全是批判性的：孩子要学会避免犯错，并鄙视犯错的人。这往往会产生一种冷酷的正确，在这种"正确"中，创造被对权威的尊崇所取代。正确的拉丁文一旦确立便一成不变，那就是维吉尔和西塞罗①所使用的拉丁文。正确的科学应是不断更新的，有能力的年轻人可以期待在这一过程中有所作为。因此，与学习古典语言所产生的态度相比，科学教育所产生的态度可能更具建设性。凡是以避免错误为宗旨的教育，往往会培养出一种理智上冷血的人。应该为所有有能力的青年男女展示这样一种前景：运用自己的知识去大胆求索。人们常常认为高等教育传授的东西类似于规范，即只是一些否定性的准则，依此行事就可以避免失礼。在这种教育中，建设性被遗忘了。或许可以预

---

① 维吉尔（Publius Vergilius Maro，前70—前19），古罗马诗人，代表作有《牧歌》《埃涅阿斯纪》等。西塞罗（Marcus Tullius Cicero，前106—前43），古罗马哲学家、政治家、作家，著有《论共和国》《论法律》《论演说家》等。他们的作品被誉为拉丁文学的典范。——译者注

第六章 建设

见,由此培养出的人通常都谨小慎微、缺乏进取心且不够大度。如果把积极的成就作为教育的目标,就可以避免这一切。

在之后的教育中,应该激发社会化的建设。我的意思是,应该鼓励那些有足够才智的人发挥想象力,想出更有成效的办法来利用既有的社会力量,或创造新的社会力量。人们会阅读柏拉图的《理想国》①,但他们在任何一点上都不会将其与当前的政治联系起来。当我指出 1920 年俄国的国家理念几乎与《理想国》的完全一致时,很难说对此更觉震惊的是柏拉图主义者还是布尔什维克。人们在阅读文学经典时,并没有试图探究布朗、琼斯以及鲁宾孙②等人的生活究竟意味着什么。阅读乌托邦③小说尤其轻松,因为我们没有被告知从我们目前的社会制度通往乌托邦的任何道路。在这些问题上,重要的是要有能力正确预判下一步如何走。英国 19 世纪的自由主义者就有这样的优点,尽管他们的措施最终必然导致的结果会让他们感到惊惧。通常浑然不觉地支配人们思想的那种意象决定了很多东西。可以从多种角度构想一个社会制度;最常见的有模具式、机器式以及树木式。第一种属于静态的社会观,如斯巴达和传统的中国社会,人性被注入备好的模具,并按照预先设定

---

① 柏拉图(Plato,约前 426—前 347),古希腊哲学家,《理想国》(*Republic*)为其哲学、社会政治及教育思想的代表作。——译者注

② 布朗(Brown),休斯的小说《汤姆·布朗的求学时代》的主人公。琼斯(Jones),菲尔丁(Henry Fielding,1707—1754)的小说《弃儿汤姆·琼斯的历史》的主人公。鲁宾孙(Robinson),笛福(Daniel Defoe,1660—1731)的小说《鲁宾孙漂流记》的主人公。——译者注

③ "乌托邦"是英国早期空想社会主义者托马斯·莫尔(Sir Thomas More,1478—1535)创造的词,本意是"没有的地方",用于比喻无法实现的理想或空想的美好社会。——译者注

的形状定型。任何严格的道德或社会习俗多少都有这种观念的影子。思想观念受此意象支配的人将具有某种特定的政治观——刻板、顽固、严厉,且具迫害性。将社会视为机器的人则较具现代特色。工业主义者和共产主义者都属这一类型。对他们来说,人性是无趣的,人生目标也很简单——通常是生产的最大化。社会组织的目的就是实现这些简单目标。困难在于,现实的人类并不渴望这些目标;他们坚持想要各种各样乱七八糟的东西,而这些东西在头脑清晰的组织者看来毫无价值。这就迫使组织者重拾"模具"式的理念,以便制造出他所满意的那类人。而这又会导致革命。

把社会制度想象成树木的人有完全不同的政治观。一台坏机器可以报废,然后换上另一台。但是,如果一棵树被砍倒,新的树要长得像原来那棵一样粗壮高大需要极其漫长的时间。机器或模具可由制造者自行选定;而树木有它自己的特性,只能使之变成该种系中较好或较坏的而已。适用于生物的建设性与适用于机器的建设性完全不同;生物具有一些较为逊色的机能,并且需要某种同情。因此,在孩子学习建设的过程中,他们应该有机会在植物和动物上实践,而不仅仅是在积木和机械上。自牛顿时代以来,物理学在思想领域占据主导地位,自工业革命以来,它又在实践中居于支配地位;这带来了一种相当机械论的社会观。生物进化论引入了一系列新观念,但它们一定程度上又被自然淘汰论遮蔽,而我们应致力于通过优生、节育和教育,使人类事务免于自然淘汰。树木式的社会观优于模具式或机器式的社会观,但仍有缺陷。我们应该将目光转向心理学,以弥补这一缺陷。心理建设是一种全新且特殊的类

第六章 建设

型,目前我们对它还知之甚少。它对于建立教育、政治以及一切纯粹人类事务的正确理论至关重要,它也应该主导民众的想象,以防止他们受到错误类比的误导。有些人害怕人类事务中的建设性,因为他们担心它必定是机械式的;于是,他们就信奉无政府主义,主张"回归自然"(return to nature)。在本书中,我试图通过具体事例来说明,心理建设与机器制造有何不同。在高等教育中,应该使人熟知这一理念中富有想象力的一面;这一想法若能实现,我相信我们的政治将不再是生硬、尖锐和具有破坏性的,而会变得灵活且真正科学化,并以培养杰出的人为目标。

第七章 自私与财产

现在要谈的是一个与"恐惧"类似的问题,也是关注一种强烈、部分出于本能且在很大程度上是不可取的冲动。在所有这样的情形中,我们都必须小心谨慎,不要挫伤孩子的天性。无视孩子的天性,或希望它有所不同,都是徒劳的。我们必须接受天赋的原始材质,而且不要试图以只适用于其他材质的办法来对待它。

自私并非一个终极的伦理概念;对此越加以分析,就越模糊。但是,作为儿童身上的一种现象,它非常明确,而且提出了一些颇有必要解决的问题。如果任其发展,年长的孩子会抢夺弟弟妹妹的玩具,要求大人给予过多的关注,并且总是唯我独尊,完全不在乎弟弟妹妹是否伤心。人的自我就像气体一样,除非受到外部压力的约束,否则会持续膨胀。在这方面,教育的目标是让外部压力在孩子的头脑中以习惯、观念和同情心的形式呈现,而不是以怒骂、抽打、惩罚的形式出现。孩子需要的是公平的观念,而不是自我牺牲。每个人都有权在世上拥有一定份额的东西,而捍卫自己应得的东西不必感到罪恶。人们进行自我牺牲的教诲时,其想法似乎是这种观念不会被完全践行,那么实际结果大概会恰到好处。但事实上，人们或是学不会这一课，或在要求起码的公平时有罪恶感，或将自我牺牲推向荒谬的极端。在最后一种情形中，他们会对自己为之牺牲的对象心生怨恨，而且很可能会通过要求感恩这种迂回方式，让自私心理卷土重来。无论如何，自我牺牲都不可能成为真正的原则，因为它无法普遍化；把谎言作为求取美德的手段来教导是最不可取的，因为当谎言被识破，美德也就化为乌有。相反，公平可以普遍化。因此，我们应该努力将公平观念输入孩子的思想和习惯中。

要让一个孤立独处的孩子学会公平，即使不是不可能，也是相当困难的。成人的权利和欲望与儿童的截然不同，成人没有想象方面的需求；成人和儿童为了追求相同的快乐而彼此展开直接竞争，这几乎从未有过。此外，由于成人处于能够强迫孩子服从其要求的地位，他们在自身事情上就不得不充当裁判，因而不能让孩子认为这是公正裁决。当然，他们可以制定明确的戒律，灌输这样或那样的行为准则：母亲清点要洗的衣服时不要打搅，父亲忙碌时不要大声喧哗，客人来访时不要乱插嘴说自己的事等。但这些都是儿童难以理解的要求，如果孩子受到善待，确实会心甘情愿地服从，可这些要求并不能诉诸儿童自己对什么是合理之事的认识。的确，让孩子遵守这些规则是正确的，因为绝不能任由他成为专横的小霸王，因为他必须明白，别人有他们自己重视的追求，不管这些追求可能多么离奇。但是，这种方法只能让孩子养成外在的得体行为，而真正的公平教育只能在有其他孩子在场的情况下开展。这就是为什么孩子不应长期独处的诸多原因之一。不幸只有一个孩子的父母应尽其所能为孩子寻找伙伴，如果没有其他可行的办法，即使让孩子经常离家外出也是值得的。一个独处的孩子要么受到压抑,要么变得自私——也许两者兼而有之。循规蹈矩的独生子女是可怜的,不守规矩的独生子女则是讨嫌的。在这个小家庭时代,这个问题比过去更加严重。这也是提倡开办幼儿园的理由之一,我将在随后的章节中对此详细论述。但现在我暂时假定一个家庭至少有两个孩子,孩子年龄相差不大,所以他们兴趣爱好大体相同。

在每次只能由一人享受乐趣因而需要竞争的场合,例如骑独轮车,我们便会发现,孩子们很容易理解公平。诚然,孩子的冲动是要求独享快乐而排斥他人,但若大人定下每人轮流玩的规定,这种冲动马上得到抑制,速度之快令人吃惊。我并不认为公平感是与生俱来的,但我惊讶于看到它可以如此迅速地产生。当然,这必须是真正的公平,绝不能暗中有任何偏私。如果你更偏爱某些孩子,你必须注意不要让你的感情影响你对享乐的分配。"玩具面前人人平等"(toys must be equal)无疑是众所公认的原则。

试图通过任何道德说教来压制对公平的需求都是难以奏效的。不要给孩子超过其应得的东西,但也不要指望孩子接受的少于其应得。《费尔柴尔德家族》中有一章是关于"心之隐罪"的,其中列举的做法一定要避免。露西坚称自己表现良好,于是她母亲告诉她,即使她的行为已经无可指摘,她的思想仍是错误的,并引证说"人心比万物都诡诈,坏到极处"(《耶利米书》第17章第9节)。费尔柴尔德夫人给了露西一个小本子,让她把自己表面很好但心里"坏到极处"时的想法记录下来。早餐时,父母给她妹妹一条丝带,给她弟弟一颗樱桃,

第七章 自私与财产

却什么都没给她。她在本子上记录下,在那一刻,她有一个非常邪恶的念头,就是觉得父母爱弟弟妹妹胜过爱她。她所接受并且也相信的教诲是,应该通过道德自律来对付这种念头;但这种方法只会迫使这种念头潜藏下来,在日后产生奇怪扭曲的后果。正确的做法应该是让她表达自己的感受,她的父母为了消除她的疑虑,要么也给她一份礼物,要么用她能理解的方式解释说,她得等下一次,因为现在没有更多的礼物了。真实和坦率能够化解问题,试图以道德约束进行压制却只会火上浇油。

与公正密切相关的是财产意识。这是个棘手的问题,必须以灵活的策略来处理,没有任何固定的规则可循。事实上,相互冲突的考虑使得人们很难采取明确的立场。一方面,对财产的贪欲会在以后产生许多可怕的恶果;另一方面,对丧失物质财富的恐惧是政治和经济暴行的主要渊薮之一。人们应该尽可能在不受私有财产约束的情况下,即在创造性活动而非防御性活动中找到自己的幸福。基于这个原因,要是能够避免,却仍要培养孩子的财产意识,就不明智了。不过,先不要急于贯彻这一原则,因为相反的观点也有相当充足的理由,忽视它们是危险的。首先,儿童有非常强烈的财产意识,当他们能够抓住所看到的物体(手眼协调)时,这种意识就已经形成了。他们抓住的东西,他们就觉得是自己的,如果被拿走,他们就会生气。我们至今仍把财产说成"持有物"(holding),而"生计"(maintenance)的意思就是"握在手中"(holding in the hand)。这些字眼表明财产跟抓取(grasp)之间的原始联系;"贪婪"(grasping)一词也是如此。一个孩子如果没有自己的玩具,就会捡起树枝、破砖头或任何可能找到的零碎物品,并把它们当作自己的宝贝。对财产的渴望是如此深植于心,打压它不可能没有危险。何况,财产还能培养细心,抑制破坏的冲动。孩子对自制之物的财产意识益处尤其大;如果不允许有这种意识,他的建设冲动就会受到抑制。

鉴于这些论点如此相互冲突,我们无法采取任何明确的策略,而必须在很大程度上以具体情况和儿童的天性为指导。不过,我们还是可以谈谈如何在实践中调和这些对立面。

说到玩具,有些应该私有,有些应该公用。举个极端的例子,摇摆木马自然一直应是公用的。这就揭示出一个原则:当一件玩具能由所有孩子平等地共享,但每次只能一人享用,而且它太大或太贵,无法置办多份,它就应该公用。另一方面,如果有些玩具对于某个孩子较之其他孩子更为适用(例如,由于年龄的差异),那么,它们也许应当属于那个能从中获得最大乐趣的孩子。如果某件玩具需要细心摆弄,而年龄大的孩子已经学会了怎么玩,那么不让小一点的孩子拿到并弄坏它就是合理的。小一点的孩子应该拥有适合其年龄的私有玩具作为补偿。2岁以后,如果玩具因他自己的粗心而损坏,不应马上更换;让他失落一阵子也无妨。切勿让孩子一直拒绝别的孩子玩他的玩具。只要玩具多到他实际上玩不过来,如果别的孩子要玩那些闲着的玩具,就不应容许他反对。但这里我要排除易为其他孩子损坏的玩具,以及已经被它们的主人打造成他引以为豪的某座建筑的玩具。在那座建筑被孩子遗忘之前,如果可能,应该让它保留着,作为对其辛劳的褒奖。除了这些例外,切勿让孩子养成"狗占马槽"的态度;也决不能允许他肆意阻挠其他孩子玩乐。要在这些方面教给孩子一些得体的行为并不难，必要时采取强硬的态度也是完全值得的。不要让孩子抢夺其他孩子的东西，即使这样做在其合法权利范围之内。如果大孩子对小孩子不友善，也要对大孩子表现出同样的不友善，并立即解释你这样做的原因。通过这种方法，不难使孩子和睦相处，而这对于避免频繁的争吵和哭闹是必要的。有时，一定程度的严厉也不可或缺，这相当于一种温和的惩罚。但无论如何，绝不能任由孩子养成欺负弱小的习惯。

在允许孩子拥有若干心头好的同时，最好鼓励孩子常玩积木之类的玩具；对于这种玩具，孩子只有在玩的时候才有独占的权利。蒙台梭利教具是所有孩子共有的，但只要有孩子正在玩其中的一件，其他孩子就不允许打扰。这能培养一种以工作为依据的有限租用权意识；这种意识不会与他们将来任何可取的品质相抵触。对于很小的孩子来说，这种方法几乎不适用，因为他们还没有足够的建设能力。但随着他们对技能的掌握，越来越有可能让他们对建造的过程产生兴趣。只要他们知道自己能随心所欲地获得用于搭建的材料，就不会太介意别人也使用这些材料，而且他们起初可能有的不愿分享的感觉很快就会被习惯所消除。不过，我认为，当孩子足够大，就应该让他拥有自己的藏书，因为这会增加他对书的喜爱，从而促进阅读。作为他个人财产的书籍应尽可能是好书，诸如刘易斯·卡罗尔的书和《杂林别墅的故事》①，不能都是些粗劣之作。倘若孩

---

① 刘易斯·卡罗尔（Lewis Carroll, 1832—1898），英国数学家、作家，以《爱丽丝梦游仙境》闻名。《杂林别墅的故事》(*Tanglewood Tales*)，美国作家霍桑（Nathaniel Hawthorne, 1804—1864）的作品，霍桑代表作为《红字》。——译者注

子想读无聊的书，那它们应该成为共有之物。

　　总之，大的原则包括：首先，不要让孩子因没有足够的财产而产生挫败感；这是培养守财奴的方式。其次，如果私有财产能促进有益的活动，尤其当它能教人仔细处理事务时，那么就允许孩子拥有私有财产。但是，在这些限制条件下，还是要尽可能把孩子的注意力转移到不涉及私有财产的乐趣上。即便有了私有财产，当别的孩子想要获准玩他的物品时，也不要让他表现得吝啬或小气。不过，这样做的目的是引导孩子自愿出借；如果需要强迫，就不算达到目的。在一个幸福的孩子身上，激发他慷慨的性格应该不难；但如果是缺少快乐的孩子，他当然会固守所能得到的东西。孩子不是通过受苦来学习美德，而是通过幸福和健康。

第八章 诚实

培养诚实（truthfulness）的习惯应该是道德教育的主要目标之一。我说的诚实不仅指言语上的诚实，还包括思想上的；事实上，在这两者中，我认为后者更为重要。我宁愿一个人完全清楚自己在说谎，也不愿看到一个人先下意识地自我欺骗，然后还臆想自己是有道德且诚实的。事实上，思想诚实的人都不会相信说谎总是错的。那些认为说谎永远是错误的人，不得不通过大量的诡辩和故弄玄虚来自欺欺人，这样，他们就可以蒙骗别人而不用承认自己在说谎。尽管如此，我还是认为，撒谎有理的场合并不多——远少于从高贵人士的实践中所推断出的数量。而且，几乎所有可以使撒谎合理化的场合，都是权力被专横地使用，或者人们被卷入诸如战争之类的有害活动；因此，在良好的社会制度下，这种场合会比现在少得多。

在现实中，虚伪几乎都是恐惧的产物。在没有恐惧的环境中长大的孩子往往诚实，这并非源于道德上的努力，而是因为他根本想不到要变得虚伪。得到明智且和善的抚育的儿童，眼神坦诚，即使面对陌生人也不会畏首畏尾；一个常遭训斥及苛求的孩子，每当他自然行事时，都害怕违背了某些规则。小孩子一开始并不会想到可以说谎。通过观察大人他们发现可以说谎,恐惧则促使他们说谎。孩子发现大人对他说谎,而且对大人说实话是危险的;在这种情况下,他就开始说谎。避开这些诱因,他就不会想到说谎。

但是,在判断儿童是否诚实时,务必谨慎。儿童的记忆力非常差,并且他们往往不知道问题的答案,而大人却以为他们知道。他们的时间观念非常模糊;4岁以下的孩子很难分清昨天和一周前的差别,或者昨天和六小时前的差别。当他们不知道问题的答案时,他们往往会根据你语气中的暗示回答是或否。另外,他们还常以某种假想的戏剧人物的身份说话。当他们郑重其事地告诉你后花园有狮子时,这显然是假想;但在许多情况下,很容易把玩耍时说的话当成认真的。由于上述原因,幼儿的陈述往往客观上是不真实的,但却没有丝毫欺骗的意图。事实上,孩子们一开始往往认为大人无所不知,因此不会受骗。我儿子(3岁零9个月)会要求我告诉他(为了听故事的乐趣),当我不在家时,他碰到了哪些趣事;我发现几乎无法让他相信我不知道发生了什么。成人以孩子无法理解的方式了解了很多事情,所以儿童认为成年人有无限能力。去年复活节,我儿子得到了很多巧克力复活节彩蛋。我们告诉他,如果吃太多巧克力,他就会生病,但说完之后我们就没再管他。他吃得太多了,病倒了。病刚好,他就笑容满面地来找我,几乎是得意扬扬地说:"爸爸,我真的病了!爸爸说过我肯定会生病。"他这种跟验证了科学规律一样的喜悦令人吃惊。从那以后,巧克力就可以放心地给他,尽管事实上他很少得到巧克力;此外,

第八章 诚实

我们告诉他什么食物对他有益,他都深信不疑。要取得这样的结果,无需道德劝诫、惩罚或恐吓。在孩子还年幼的时候,需要的是耐心和坚定。他快到男孩通常会偷吃甜食并不肯承认的年龄了。我敢断定他有时会偷吃,但是如果他说谎,我会很惊讶。当孩子真的说谎时,父母应该责备自己,而不是孩子;他们应该通过消除说谎的原因,并向孩子温和而合理地解释为什么最好不要撒谎,来处理这件事。他们不应该用惩罚来处理问题,因为惩罚只会增加恐惧,从而增强说谎的动机。

为了不让孩子学会说谎,大人对孩子绝对诚实是不可或缺的。父母如果教导孩子"说谎是一种罪过",而孩子却知道他们在撒谎,那么他们自然就失去了所有的道德威信。对孩子说真话是一个全新的观念,在这代人之前,几乎没人这么做。对于夏娃是否对该隐和亚伯讲过苹果一事的实情①,我是颇为怀疑的。我自信她会对他们说,她从未吃过任何对她无益的东西。过去,父母总是表现得和奥林匹斯山②的神祇一般,超脱于人类情感,总是受纯粹理性驱使。当他们责备孩子时,更多地出于痛心而不是愤怒;无论他们如何责骂,都不算"泄愤"(cross),而是为了孩子好才跟他们说这些。父母没有意识到孩子们的洞察力惊人:他们并不理解各种虚伪而堂皇的政治理由,但会直白而单纯地鄙视这种行为。你没有意识到的嫉妒和

---

① 夏娃(Eve)、该隐(Cain)和亚伯(Abel)均为《圣经》中的人物。这里所指的是《圣经·创世纪》所载的夏娃等偷吃伊甸园中智慧树上禁果的故事。——译者注

② 奥林匹斯山(Olympians),希腊最高峰,在古希腊神话中是众神的居所,对希腊文化及西方文明影响深远。——译者注

羡慕，孩子会看得明明白白，因此，你对这些嫉妒羡慕的对象的邪恶所发表的种种道德高论，在孩子眼中都要大打折扣。千万不要假装自己完美无瑕和超乎常人；孩子不会相信你，即使相信了也不会因此更喜欢你。我清楚地记得，在我很小的时候，我就看穿了周围维多利亚式的欺诈和伪善[①]，并发誓如果我有孩子，绝不会重蹈他们对我犯下的错误。我现在一直在尽最大努力持守这一诺言。

还有一种形式的谎言对于孩子影响极坏，即威胁要实施你并不想兑现的惩罚。巴拉德博士[②]在其极富趣味的著作《变迁中的学校》(The Changing School)[③] 中颇为强调这一原则："切勿威胁。如果你威胁了，你就必须竭力付诸实施。如果你对儿子说，'再那样做，我就揍扁你'，而他又那样做了，那么你就必须揍扁他。否则，他会对你完全失去敬意。"（第112页）保姆和无知父母用来威胁婴儿的惩罚没有那么极端，但也适用同样的原则。除非有好的理由，不要坚称实施惩罚；但一旦你这样做了，就要硬挺到底，无论你多么后悔发起了这场战斗。如果你威胁要进行惩罚，那就得是你准备好要实施；切勿心存侥幸，以为你的虚张声势不会被识破。奇怪的是，要让没文化的人理解这一原则非常困难。尤其是当他们

[①] "维多利亚式的欺诈和伪善"，指19世纪英国维多利亚时代（1837—1901）表面推崇严苛道德，实则纵容阶级剥削、社会不公的文化双重性。——译者注

[②] 关于巴拉德博士（Dr. Ballard）目前可获取的公开信息较少，从本书上下文推测，他可能是一位活跃于20世纪初的英国教育学家。——译者注

[③] Hodder and Stoughton, 1925.

第八章 诚实

通过恫吓来进行威胁时，比如说被警察关起来或被怪物带走，就更令人反感了。这首先会引起一种危险的焦虑性恐惧状态，后来则会使孩子完全不相信成人的一切说辞和威胁。倘若你总是说到做到，孩子很快就会明白，在这种情况下，反抗是没有用的，他就会乖乖听话，不会再惹麻烦。但这种方法要奏效，极其重要的一点是：除非确实有充分的理由，否则就不要坚称进行惩罚。

另一种不可取的骗术是把无生命的物体当成活物来对待。保姆有时会教孩子们，当他们撞到椅子或桌子而受伤时，就去拍打那个惹事的物体，然后说"椅子不乖"或"桌子坏坏"。这种做法会使孩子失去自然训练的一大最有益的来源。若听其自然，孩子很快就会意识到，只有通过技巧才能操控无生命的物体，而不是通过愤怒或哄骗。这对掌握技能是一种激励，也有助于孩子认识到个人力量的局限性。

在性问题上说谎，一向为传统所认可。我认为这是完全错误的，但这里不再赘述，因为我打算后面用一章的篇幅来谈性教育。

无拘无束地成长的孩子会问无数的问题，有些问题很聪明，有些则恰恰相反。这些问题常常让人厌烦，有时还很不方便回答。但你必须尽力如实回答。如果孩子问你与宗教有关的问题，就坦率说出你的想法，哪怕你的想法跟其他成年人相悖。如果他问你关于死亡的问题，请回答他。如果他问你那些会显得你卑鄙或者愚蠢的问题，回答他。如果他问你关于战争或死刑的问题，回答他。不要用"你还不能理解"来搪塞他，除非遇到科学方面的难题，比如怎样制造电灯。即便如此，也要明确告诉他,一旦他学到了比现在更多的知识,答案就是为他预备好的惊喜。告诉他的要比他能理解的多一些,而不是少一些;他不理解的部分会激发他的好奇心和求知欲。

对孩子始终以诚相待会换来更多的信任。孩子天然就倾向相信你说的话,除非这种倾向跟他的某一强烈愿望相抵触,就像我刚才提到的复活节彩蛋的例子。即使在这种情况下,稍微让孩子体验一下你话语的真实性,你就能轻易赢得他的信任,无须刻意强调。但是倘若你习惯于用不会发生的结果去恐吓,那么你就必须持续不断、变本加厉地恐吓,最终只会导致孩子陷入惊惶无措的状态。有一天,我的孩子想在小溪里蹚水,但我告诉他别去,因为我觉得溪水里有碎瓷片,会划伤他的脚。他玩水的欲望很强烈,所以对瓷片的事表示怀疑;但在我找到一块碎片并给他看了锋利的边缘后,他就完全顺从了。如果我为了自己方便而谎称有碎瓷片,我就会失去他的信任。如果我找不到碎瓷片,就只能让他去蹚水。由于有多次这样的经历,他现在几乎完全不再怀疑我给出的理由。

我们生活在一个充满欺骗的世界中,不知欺骗为何物的孩子长大后,肯定会蔑视许多通常被认为值得尊敬的东西。这令人遗憾,因为轻蔑是一种不好的情感。我不会主动让他关注这些事,不过只要他的好奇心转向这些方面,我会满足他。在一个伪善的社会里,诚实多少算是一种劣势,但诚实之人必有无畏之心;而跟无畏带来的益处相比,这种劣势又何足挂齿。没有这种无畏,就没有人能够做到诚实。我们希望我们的孩子正直、诚恳、直率、自尊;就我而言,我宁愿看到他们因这些品质而失败,也不愿看到他们靠奴颜婢膝的手段成功。杰出之人

第八章 诚实

必有某种与生俱来的自尊和正直,具备这种品质就不可能撒谎,除非是出于某种仁厚的动机。我要使我的孩子无论在思想和言语上都诚实无欺,即使这会带来尘世生活的不幸,因为诚实比财富和荣誉更为重要,而当下,诚实正陷于危机之中。

第九章　惩罚

长久以来，惩罚儿童——无论是男孩还是女孩，一直被视为理所当然，也被普遍认为是教育中不可或缺的方式。这种状况一直持续到最近。我们在前面一章看到了阿诺德博士对鞭罚的看法，他的观点在当时算是很人性化的了。卢梭以归于自然（leaving things to nature）的理论著称，但在《爱弥儿》一书中，他偶尔也提倡采用相当严厉的惩罚。一百年前的流行观点在《前车之鉴》①中有所阐述，故事中一个名叫卡罗琳的小女孩在大吵大闹，因为大人们要给她系白色的饰带，而她想要粉红色的。

> 爸爸在客厅里听到
> 卡罗琳在大声吵闹，
> 立刻奔到她的面前，
> 毫不犹豫鞭挞回报。

---

① 《前车之鉴》(*Cautionary Tales*) 是一部以警示和训诫为目的的民间故事集。——译者注

第九章 惩罚

当费尔柴尔德先生发现他的孩子们争吵时，就会一边念着《让狗以狂吠撕咬为乐》①这首诗，一边应和着该诗的节拍用藤杖抽打他们。随后，他会带孩子们去看用锁链挂在绞架上的尸首。铁链在风中发出短促而尖厉的声响，年幼的儿子吓坏了，央求着带他回家。但费尔柴尔德先生强迫他看了很久，说这一景象展示的就是那些心中充满仇恨的人的下场。这个孩子注定要成为一名牧师，想必得学会以亲身体验者般的生动笔触，描绘出受诅咒者的可怖惨状。

如今，即使在田纳西州②，也很少有人提倡这种方法。但用什么方法来取代，却众说纷纭。一些人仍然提倡大量的惩罚，而另一些人则认为可以完全取消惩罚。在这两个极端之间，还有许多不同的看法。

就我而言，我相信惩罚在教育中还是有着某种非常次要的地位，但我怀疑是否真的有必要实施严厉惩罚。我把责骂或呵斥也归入惩罚之列。无论何时，如果有必要进行惩罚，最严厉的惩罚应只限于自然而然地表达愤怒。有几次，当我儿子对他的妹妹动粗时，他的母亲生气地大声惊呼。这种做法的效果十分明显。他呜呜地哭了起来，直到母亲安抚他许久，他才感到安慰。这给他留下了非常深刻的印象，这从他之后善待自己的妹妹就能看得出来。有几次，当他执意要我们不想给的东西，或是妨碍妹妹玩耍，我们采取了温和的惩罚方式。在这种情况

---

① 《让狗以狂吠撕咬为乐》（"Let Dogs Delight to Bark and Bite"）是英国诗人以撒·华滋（Isaac Watts，1674—1748）的作品，旨在对儿童进行道德教育。——译者注

② 田纳西州在美国通常被视为保守的州，前文的达顿审判即发生于此州。——译者注

下,当讲理和规劝都无效时,我们就把他带到一个房间里,让他独自待在那儿,把门开着,告诉他只要他表现好就可以回来。过不了几分钟,在他大哭之后,他就回来了,而且的确每次都改邪归正了:他完全懂得,回来就意味着承诺会表现好。到目前为止,我们还从未发现有必要给予更严厉的惩罚。依据旧式教育者写的书来判断,用老方法教育出来的孩子比现代孩子淘气得多。如果我的孩子像《费尔柴尔德家族》里的孩子的一半那样没规矩,我肯定会震惊;但我认为,错更多在父母而非孩子自身。我相信,通情达理的父母会培养出通情达理的孩子。必须让孩子感受到的是父母的爱——不是出于责任和义务的爱,因为没有哪个孩子会为此心存感激,这种爱是一种融融的暖意,即看到孩子的表现和状态就生发出由衷的喜悦。如果要禁止孩子做什么,除非实在没办法,否则必须认真、坦诚地解释禁令。像轻微的磕碰和割伤这样的小不幸有时应该允许发生,不要为此就干涉孩子冒失的游戏;积累了一点这方面的经验,孩子就会更加愿意相信禁令是合理的。若从一开始情况就是如此,我相信孩子很少会做出值得严惩的事。

当一个孩子总是妨碍其他孩子,或是破坏他们的乐事时,常见的惩罚是驱逐。这时,绝对有必要采取某种措施,因为让其他孩子遭受痛苦是非常不公平的。但是,对于难管束的孩子来说,只是让他感到有过错是没用的;让他感到自己失去了别人所享受的乐趣,则更为有效。蒙台梭利女士这样描述她的做法:

至于惩罚,我们曾多次遇到这样的孩子,他们干扰其

第九章 惩罚

他孩子,毫不理会我们的纠偏之举。医生会立即对这些孩子进行检查。如果诊断证明是正常的孩子,我们就把一张小桌子放在教室的一角,以这种方式把这孩子隔离开来;让他坐在一张舒适的小扶手椅上,坐的位置让他可以看到同伴们在活动,同时还给他几件他最喜欢的游戏用具和玩具。这种隔离几乎总能取得使他安静的成效;他从自己的位置上,对所有伙伴可一览无余,而他们活动的方式就是一堂实物教学课(object lesson),这比教师的任何言语都要有效得多。渐渐地,他会明白融入在自己眼前忙着活动的伙伴们的好处,进而真心希望回来跟其他人一样活动。通过这种方式,我们让所有起初似乎反抗管教的孩子都转而遵守纪律。被隔离的孩子总是成为特殊关照的对象,仿佛他在病中。当我走进教室时,头一件事就是直接向他走去,就好像他是一个小婴孩。然后我把注意力转向其他孩子,关注他们的活动,并向他们提问,就好像他们是小大人一样。我不知道这些我们认为有必要加以管束的孩子的灵魂深处发生了什么,但可以肯定的是,他们确实有了彻底而持久的改变。他们学会了怎样开展活动、如何待人接物,这让他们深感自豪,同时对教师们和我也总是充满拳拳之情。①

这种方法的成功取决于几个旧式学校不具备的因素。首先,要排除那些由于某种病症而行为不良的学生。然后是运用

---

① *The Montessori Method*(Heinemann, 1912), p. 103.

这种方法的策略和技巧。但真正关键的一点是班上大多数人要表现良好：不守纪律的孩子会觉得自己违背了他应该尊重的公共舆论。当然，如果某个教师的班里尽是些"捣蛋鬼"，情况就截然不同了。我不打算讨论这位教师应采用的方法，因为如果教育从一开始就进行得当，根本就不需要这些方法。只要内容适合、教之有方，孩子就会喜欢学习。在传授知识的过程中会犯的错误，就像更早阶段在吃饭和睡觉方面所犯的错误一样：一些对孩子真正有利的东西，却变得好像是投大人所好。幼儿很容易认为，吃饭和睡觉的唯一原因就是大人们希望这样，这会导致他们消化不良并容易失眠。[①] 除非孩子生病了，否则如果他不肯吃饭，就让他饿肚子去吧。我儿子过去总是被保姆诱哄着吃饭，结果变得越来越难伺候（difficile）。有一天，我们让他吃午饭，他不肯吃布丁，我们就把布丁端走。过了一会儿，他要取回布丁，结果发现布丁已经被厨师吃掉了。他大吃一惊，从此再也不跟我们装腔作势了。同样的方法也适用于教学。那些不愿学习的孩子就随他们去，不过我会确保如果他们在上课时间缺席就会感到无聊。如果他们看到别人在学习，他们马上就会吵着要老师教：这样老师就可以表现得像是在给予他们好处，不过情况也确实如此。按照我的想法，每所学校里都应该有一间大空房，如果学生不想学习，可以去那里；但如果他们去了那里，我就不允许他们当天再回来上课。如果他们在上课时表现不好，也应该把他们送到那里作为惩罚。这似乎是一个简单的原则：惩罚应该是你希望犯错之人讨

---

① 见 Dr. H. C. Cameron, "The Nervous Child", Chaps. IV and V。

第九章 惩罚

厌的东西,而不是你希望他喜欢的东西。然而,"罚抄"作为一种常见的惩罚,其宣称的目的却是培养对古典文学的热爱。

轻微的惩罚用来应对轻微的过失,尤其是与礼仪有关的过失,是能发挥效用的。对于年幼的孩子,表扬与批评是重要的奖惩方式;对于较大的孩子来说,如果表扬与批评来自他敬重的人,那也很有分量。我认为没有表扬与批评就无法开展教育,但这两方面都需要一定程度的审慎。首先,两者都不应采取比较的方式。不应该告诉孩子他比某某做得更好,或者某某从不调皮:前者会滋生轻蔑,后者会引发怨恨。其次,批评应远少于表扬;批评应该是一种明确的惩罚,用以应对某些出乎意料的行为失范,并且一旦达到效果就不应再继续。最后,凡是理所应当之事,不应给予表扬。勇气或技能方面新的进步,以及财物方面的无私分享——如果这种行为是在道德上付出努力之后完成的,我认为应该给予表扬。在整个教育过程中,对于任何非同寻常的优秀工作都应给予表扬。在青少年时期,克服困难获得成就而受到表扬是最愉悦的经历之一,对这种愉悦感的渴望作为一种额外激励是完全恰当的,尽管它不应该成为主要动机。主要动机应始终是对事情本身的兴趣,无论事情是什么。

品性上的严重缺点,如残忍,很少能通过惩罚来解决。或者说,在这类问题的处理上,惩罚只应占很小的比重。对动物残忍或多或少是男孩的天性,要预防这种情况,需要专门的教育。等到发现自己的孩子折磨动物,然后以此为起因来折磨孩子,这是个很糟糕的办法。这只会让他希望自己没有被你逮到。你应该留意日后可能发展成残忍行为的那些苗头。教导孩子尊重生命；不要让他看到你杀害动物，即使是黄蜂或蛇之类的。如果你无法避免，就要仔细解释在这一特殊事例中这样做的原因。如果他对更小的孩子稍有不友善的举动，你就立刻"以彼之道还施彼身"。他会抗议，你就可以跟他解释"己所不欲，勿施于人"的道理。通过这种方式，就能让他切身体会到这一事实：他有的感受，别人同样也有。

这个方法的要诀显然在于应该早早地开始，并适用于轻微的不友善行为。唯有对别人的伤害非常小时，你才能以同样的方式来回应孩子。当你采用这种方法时，不要显得你是在实施惩罚，而更像是在教导："看，这就是你对你妹妹做的事。"当孩子抗议时，你就说："好吧，如果这样做让人不舒服，你就不准这样对她。"只要整件事情是简单的并当场就处理，孩子就会理解，并会懂得必须考虑他人的感受。这样，严重的残忍行为就不会滋生。

所有的道德教育都必须是即刻的和具体的：它必须源于自然发生的情境，而且不能超出在这种特定情况下应该做的事情。孩子自己会把这一道德应用到其他类似的情况中。理解一个具体事例，并对类似事例采取类似考量，比掌握一条普遍原则再进行具体的演绎，要容易得多。不要笼统地说"要勇敢，要善良"，而要鼓励他做一些具体的、能体现勇敢的事，然后说"真棒，你是个勇敢的孩子"；要让他舍得拿自己的机械类玩具给妹妹玩，当他看到妹妹开心得眉开眼笑时，对他说"做得好，你是个善良的孩子"。同样的原则也适用于应对残忍行为：留意其微弱的苗头，并防止其发展。

如果你尽了全力后，严重的残忍行为在孩子长大后还是

第九章 惩罚

出现了,那么必须极为严肃地对待这一问题,并把它当作一种疾病来处理。这样的孩子理应被惩罚,用意是表明不愉快的事会发生在他身上,就像他出麻疹时那样,而不是为了让他感到罪恶。应该让他与其他孩子和动物隔离一段时间,并向他解释让他与他们待在一起是不安全的。应尽可能让他意识到,如果他受到残忍的对待,会遭受怎样的痛苦。应该让他感觉到,一种巨大的厄运以做出残忍行为的冲动的形式降临在了他头上,而他的长辈们正在努力保护他,使他今后免于遭遇类似的不幸。我相信,除去少数病态的事例外,运用此类方法均会极有效用。

我认为体罚是绝对错误的。轻微的体罚不会造成什么伤害,但也毫无益处;严厉的体罚形式,我深信会引发残忍和蛮横。诚然,体罚往往不会引起对施暴者的怨恨;如果经常体罚,孩子还会自行调试,并习惯成自然。但是,这使他们习惯于这样一种观念:为了维护权威而施加肉体痛苦或许是正当且合适的——对于那些很可能获得权位的人而言,这是极其危险的一课。体罚还会破坏亲子之间及师生之间本应有的公开的信任关系。现代的父母希望不管他在场与否,孩子一样无拘无束;他希望孩子们看到他来了会感到高兴;他不希望在他看着的时候,孩子就装得像过安息日①似的平静,而自己一转身就乱成一团。赢得孩子发自肺腑的喜爱是一大乐事,足以与人生所可提供的任何快乐相媲美。我们的先辈不知道这种快乐,因此也意识不到错失了它。他们教导孩子们,爱父母是他们的

---

① 安息日(Sabbath)是犹太教、基督教等宗教的神圣休息日,这一天须停止劳作,专心敬拜。——译者注

"义务",而后又让他们几乎无法履行这一义务。在本章开头引用的诗句中,卡罗琳父亲来到她跟前,"毫不犹豫鞭挞回报",她不可能高兴得起来。只要人们固执地认为爱可以作为一种义务被要求,他们就不会努力去赢得孩子发自内心的爱。结果,人际关系变得刻板、生硬且残酷。惩罚是这整个观念的一部分。奇怪的是,那些连做梦都不曾想过动手打女人的男人,却能对毫无自卫能力的孩子肆意施以肉体上的折磨。所幸近一百年来,关于亲子关系更合理的观念已经逐渐深入人心,整个惩罚理论也随之发生了转变。我希望这些在教育领域开始盛行的开明理念,也能逐渐扩展到其他人际关系中,因为跟我们对待自己孩子一样,处理那些关系也急需这类理念。

第十章　同伴的重要性

到目前为止，我们一直在讨论父母和教师在培养孩子的正确品性上能够做些什么。但是，如果没有其他孩子的帮助，很多事情是不可能做到的。随着孩子年龄的增长，这一点变得尤其真确；事实上，到了大学阶段，同龄人比任何时候都重要。在初生之年的头几个月，其他孩子根本不重要，而到最后3个月，他们才给婴儿带来些许好处。在这个阶段，对婴儿有帮助的是年龄稍大的孩子。家庭的第一个孩子通常在学习走路和说话方面比后来出生的孩子慢，因为成人在这些方面的成就是如此完美，以至于难以模仿。3岁的孩子是1岁孩子更好的榜样，因为前者所做的事情更符合后者的愿望，而且前者的能力看起来也不那么难以企及。孩子们觉得其他孩子比成人更像他们自己，因此，其他孩子的行为更能激发他们的雄心壮志。只有家庭能提供这种由年长孩子进行早期教育的机会。大多数有选择的孩子都希望和比自己大的孩子一起玩，因为这样他们会觉得自己也变"高大"（grand）了；但这些大孩子又希望和更大的孩子一起玩，以此类推。结果就是，在学校、贫民区的街道上，或是在其他能随意选择玩伴的地方，孩子们几乎都是和自己的同龄人一起玩,这是因为大孩子不愿意和比自己小的孩子玩。这样一来,年幼儿童要想从年长儿童那里学习东西,主要得在家庭中实现。这就有个弊端,每个家庭都必定有一个最大的孩子,他无法从这种方式中受益。随着家庭不断变小,更多的孩子成了家中最年长的孩子,因此前述弊端也愈发突出。小家庭在某些方面对儿童成长不利,除非通过幼儿园来弥补。不过,幼儿园将是后一章的主题。

年长儿童、年幼儿童以及同龄儿童都各有其作用,但由于上述原因,年长儿童和年幼儿童的作用主要局限于家庭。年长儿童的一大用处是提供可效仿的榜样。一个孩子情愿付出巨大努力,以便被证明有资格参加大孩子的游戏。大孩子的行为随性自然,不会有成人与孩子玩游戏时必然会有的刻意的体贴和假装。倘若成年人缺乏这种体贴,游戏对孩子来说就会变得痛苦,因为成人拥有力量和权威,而且他玩游戏是为了让孩子开心,而不是让自己高兴。孩子会心甘情愿地顺从哥哥姐姐,却不可能对大人如此,除非受到了过度的管教。以从属角色进行合作的经验,最好从其他孩子那里学到;当成年人试图教导这一点时,就会面临两种截然对立的危险,即无情和虚伪:如果他们要求真正的合作,就会显得无情;如果他们满足于表面的合作,那就是虚伪。我并不是说无论是真正的合作还是假装的合作都要一律避免,而是说,这种合作不具有大孩子和小孩子之间可能具有的自发性,因此无法让双方连续几个小时都乐在其中。

在整个青少年时期,年龄稍长的孩子在教育上能不断发挥一种特殊的作用——不是正式的教学,而是在课余时间进行的

第十章　同伴的重要性

那种教导。年龄稍长的孩子在这一时期仍然是激发上进心的有效动力，如果他们友善，就能比成年人更好地释疑解惑，因为他们刚刚克服过这些困难，记忆犹新。即使在大学，我也能从比我年长几岁的人那里学到很多东西，这些东西我从那些严肃可敬的教授那里是学不到的。我相信，只要大学里的集体生活不是太过严格地以"年级"划分，这种经历就是普遍的。当然，如果像经常发生的那样，那些高年级生认为与低年级生来往有失身份，那么这种经历就不可能有了。

年幼的孩子也有其用处，尤其是在3岁到6岁之间；这些作用主要与道德教育相关。只要孩子和成人在一起，他就没有机会实践一些重要的美德，即强者对待弱者时所需的美德。必须教导孩子，不要从弟弟妹妹那里强行抢夺东西；当弟弟妹妹不小心碰倒他的积木塔时，不要过度生气；当别人想玩他闲置的玩具时，不要藏着不给。要让他知道，弟弟妹妹很容易因粗暴对待而受伤，如果他肆意地把他们弄哭，就要设法让他感到内疚。为了保护年龄较小的孩子，父母可以出其不意地厉声呵斥大孩子；尽管这种做法在平时不合理，但在这种情况下却颇有用，因为突如其来的斥责能让孩子印象深刻。所有这些都是有用的教训，几乎不可能以其他自然的方式传授。对孩子进行抽象的道德说教愚蠢且浪费时间；一切教诲都必须是具体的，并且应出于当时的实际需要。许多事情从成年人的角度来看是道德教育，但在孩子眼中，它们跟介绍如何使用锯子并无不同。孩子会觉得，大人是在向他示范如何做这件事。这就是榜样如此重要的原因之一。一个孩子看木匠干活，就会尝试模仿他的动作；一个看到父母总是善良体贴的孩子，也会在这方面

121

努力模仿他们。在所有情形中，威信都与孩子想要模仿的东西相联系。如果你一本正经地教孩子使用锯子，但你自己却总是把锯当斧使唤，你永远无法把他培养成木匠。如果你敦促他对妹妹好一点，但自己却对妹妹不好，你所有的教导都将白费。因此，当你不得不做一些会将幼儿弄哭的事情时，比如给他擤鼻子，你应该认真地向年龄较大的孩子讲明须这样做的理由。否则，他很可能会奋起保护年龄较小的孩子，和你对抗，让你停止残忍之举。如果你让他一直怀有你很残忍的印象，那么，你在抑制他趋于专横的冲动时，就无能为力了。

虽然较大的孩子和较小的孩子都很重要，但同龄孩子的重要性要大得多，至少从4岁起就是如此。如何对待与自己同等的人，这是最需要学习的。现实世界中的大多数不平等都是人为的，如果我们的言行举止能免于受其影响，那就实在太好了。富人自视比他们的厨师优越，因此对待厨师的方式与他们的社交表现有别。但他们又觉得自己比公爵低一等，从而以一种缺乏自尊的方式对待他。这两种态度都是错误的，不管是厨师还是公爵，都应当被视为平等的人并平等对待。在青少年时期，年龄造成了一种并非人为的等级观念；正因如此，日后生活中需要的社会习惯，最好通过与同龄人交往来学习。各种游戏在同龄人之间进行会更好，学校里的竞争也是如此。在同学中，一个男孩的重要程度取决于大家对他的评价；他可能被人钦佩，也可能被人鄙视，这取决于他自己的品性和能力。舐犊情深的父母会营造出过于宽宥的环境；冷漠无情的父母则会营造出压抑孩子天性的环境。只有同龄人才能在自由竞争和平等合作中，为天性的发挥提供空间。不专横的自尊、不谄媚的体

第十章 同伴的重要性

贴,与同等的人打交道是学习这些品质的最佳途径。基于这些原因,再多的父母关爱也无法让孩子在家里获得在一所好学校所能享受到的同样益处。

除了这些考虑因素之外,还有一个也许更为重要的因素。孩子的身心都需要大量的游戏来训练,而在最初的几年后,若不和其他孩子协同,孩子很难进行让人满意的游戏。没有游戏,孩子就会变得紧张和神经质,失去生活的乐趣,产生焦虑。当然,像培养约翰·斯图亚特·穆勒①那样来培养孩子也是可能的,像他一样从3岁开始学习希腊文,却从未体验过任何寻常的童年乐趣。仅仅从获取知识的角度来看,这样做的结果可能是好的,但综合各方面考虑,我并不赞赏这种方式。穆勒在他的自传里提到,他在青少年时期差点自杀,因为他想到所有音符的组合总有一天会用完,到那时就不可能再有新的音乐创作了。显然,这种困扰是神经衰弱的症状。在他后来的生活中,每当他遇到一个倾向于证明他父亲的哲学或许有误的论证时,他就像受惊的马一样回避,因此极大地降低了他的推理能力的价值。如果他用更正常的方式度过青少年时期,那么他在理智上或许会更具灵活性,从而在思想上更具独创性。无论如何,这一定会赋予他更大的能力去享受人生。我自己也是孤独教育的产物,这种教育直到16岁才告终结——虽然不像穆勒的那么极端,但仍然极度缺乏青少年的普通乐趣。在青少年时期,我经历了与穆勒所描述的相似的自杀倾向——我的情形

---

① 约翰·斯图亚特·穆勒(John Stuart Mill,1806—1873),英国哲学家、经济学家。小时在其父(即詹姆斯·穆勒,亦为英国著名学者)望子成龙的期盼下,被迫苦学。——译者注

是，因为我认为力学定律控制着我身体的运动，使得意志沦为纯粹的幻觉。当我开始和同龄人交往时，才发现自己是个尖酸刻薄、自命不凡的人。至于现在我在多大程度上仍然如此，是不能由我说了算的。

尽管有上述种种根据，我还是准备承认有不少孩子不宜上学，并且其中有些是极具潜质的人才。如果一个男孩在某些方面有超常的智力，但同时体质较差，神经过敏严重，他可能很难融入一群正常男孩当中，也许还会被霸凌到失控。超常的能力往往与精神异常有关，在这种情况下，采用对普通男孩有害的教育方法就是可取的。应注意查明这种异常的敏感是否有某种明确的病因，并耐心努力去治愈它。但这些努力绝不应给孩子带来巨大痛苦，比如，一个异常的孩子易被野蛮的同伴霸凌。我认为，这种敏感一般是由于婴儿时期的某些差错造成的，这些差错扰乱了孩子的消化系统或神经系统。只要能明智地照料婴儿，我想几乎所有婴儿都能长成完全正常的孩子，从而可以享受与其他孩子在一起的快乐。尽管如此，一些例外情况还是会出现，而且这些例外易于在那些有某种天赋的孩子身上发生。在这些罕见的情况下，学校教育并不可取，让孩子度过一个深居简出的青少年时期更合适。

第十一章　爱与同情

迄今为止，我一直对爱（affection）避而不谈，许多读者也许会感到费解，因为在某种意义上，爱正是良好品性的本质所在。我认为，爱和知识是正确行为的两项核心要素，然而，在论述道德教育时，我至今对爱只字未提。我的理由是，正确的爱应该是对成长中的孩子进行恰当培养后自然结出的果实，而非在各个不同阶段都刻意为之的目标。我们必须明确哪种爱是好的，以及不同年龄段适宜的性情。男孩从10岁或12岁直到青春期，往往非常缺乏情感，这是天性使然，再怎么强迫也无济于事。相比成年之后，整个青少年时期表露同情的机会要较少一些，这既是因为他们不太能够有效地表达同情，也是因为年轻人得考虑自身的人生历练，因而在很大程度上会忽略他人的利益。由于上述原因，我们应更关注培养出富有同情心和爱心的成年人，而不是在人生早期就强行培育这些品质。我们的问题，就像品性教育中的所有问题一样，是一个科学问题，属于可被称为"心理动力学"（psychological dynamics）的范畴。爱不能作为一种义务而存在：告诉孩子应该爱父母和兄弟姐妹即便没有坏处，也完全是徒劳无功的。希望得到子女爱戴的父母必须以能引发爱的方式行事，还必须努力赋予他们的孩子那些能产生丰富情感的身心特质。

不但不可命令孩子爱其父母，而且不得做出以此为目的的任何事情。这方面，最深挚的父母之爱跟两性之爱是有区别的。两性之爱的本质是寻求回应，这是很自然的，因为如果没回应，它就无法实现其生物学功能。但寻求回应并非父母之爱的本质。自然而纯粹的父母本能对于孩子的感受，如同后者是他们自己身体的外化部分。假如你的大脚趾出了问题，你出于自身利益去照料它，你不会指望它心怀感激。我想，即便是处于蛮荒时代的女性，对待孩子也有着极为类似的情感。她期望孩子幸福，就如同期望自己幸福一样，尤其是在孩子还非常年幼的时候。照料孩子就如同照料自己，绝不会产生额外的自我牺牲（self-denial）感；正因为如此，她并不寻求感激。只要孩子尚不能自理，孩子对她的需要就是足够的回应。后来，当孩子开始长大，她的感情会减弱，对孩子的要求却可能增加。在动物界，幼崽成年后，父母之爱就会停止，也不会对其提出任何要求；但人类，即使是非常原始的人类，情况也并非如此。一个悍勇的战士，他的父母老迈后，能指望儿子的养活和保护；埃涅阿斯和安喀塞斯的故事①在更高的文明程度上体现了这种情感。随着前瞻性的增长，为了自己能够老有所依，人们日益倾向于利用子女对自己

---

① 二者都是古代希腊罗马神话中的人物，特洛伊城被攻破后，王子埃涅阿斯背着眼睛已瞎的父亲安喀塞斯，辗转逃到了意大利。故事详见古罗马诗人维吉尔的史诗《埃涅阿斯纪》。——译者注

的爱。因此就有了孝道原则，它在世界各地都存在，并体现在摩西十诫的第五诫①中。随着私有财产制度和有序政府的发展，孝道变得不那么重要；若干世纪之后，等人们明白这一事实，孝道这种情感将不再风行。在现代社会，一个50岁的人可能在经济上还得依赖80岁的父母，因此重要的仍然是父母对子女的爱，而不是子女对父母的爱。当然，这主要适用于有产阶级；在工薪阶层中，旧的关系依然存在。但即使在工薪阶层那里，由于养老金和类似举措的实施，这种关系也在逐渐被取代。因此，子女对父母的爱不应再算作一项基本美德，而父母对孩子的爱依然极其重要。

还有一类危险，由于精神分析学家的研究而受到关注，但我认为他们对相关事实的解读值得商榷。我所说的危险跟子女对父亲或母亲过度的依恋相关。成年人乃至青少年，都不应该受父亲或母亲的过度管控，以至于无法独立思考或感受。如果父母比孩子个性强势，这种情况就很容易发生。我认为，除了极少数病态情况外，并不存在"俄狄浦斯情结"②，即儿子对母亲以及女儿对父亲的特殊依恋。若存在过度的父母影响，必定来自那个与孩子接触最多的人——通常是母亲——而与性别差异无关。当然，也可能出现这样的情况，即女儿不喜欢母亲，又很少见到父亲，于是就会把父亲理想化；但在这种情况

---

① 摩西十诫源出《圣经·旧约》，其第五诫讲的是孝敬父母。——译者注

② 俄狄浦斯情结（Oedipus Complex）由弗洛伊德提出，指儿童在心理发展（约3—6岁）中对异性父母产生无意识性欲依恋，并视同性父母为竞争对手的精神冲突。俄狄浦斯是希腊神话中的人物，由于命运的安排，他无意中杀父娶母。——译者注

下，施加影响的是想象中的而不是真正的父亲。理想化就是给愿望找个借口：借口只是权宜之计，而和愿望的本质无关。父母的过度影响与此完全不同，因为跟它相关联的是现实中的人，而不是某个幻想出来的人物。

与孩子经常接触的成年人，很容易在孩子的生活中占据主导地位，甚至在孩子成年后，仍使其成为精神上的附庸。这种附庸可能是理智上的，也可能是情感上的，或者两者兼而有之。约翰·斯图亚特·穆勒就是前者的一个范例，他无论如何也无法承认自己的父亲会犯错。在某种程度上，理智受早年环境的限制是正常的；很少有成年人能够在观念上摆脱父母或教师的教诲，除非有某种大的思潮将他们裹挟其间，他们才会因此改变观念。伊斯兰教徒的孩子是伊斯兰教徒，佛教徒的孩子是佛教徒，诸如此类。也许有人认为，理智上的依附是自然而正常的；但我倾向于承认，只有通过专门的教育才能避免这种依附。应该谨防家庭和学校的这种过度影响，因为在一个瞬息万变的世界里，僵守前代人的观念是极其危险的。但目前我将只考虑情感和意志上的依附，因为这与我们当前的主题有更直接的联系。

精神分析学家在"俄狄浦斯情结"（我认为这个叫法令人误解）这一范畴下所讨论的那种罪恶，是由于父母过分渴望子女的情感回应而产生的。正如我刚才所说，我认为纯粹的父母本能并不渴求情感上的回应；孩子的依赖以及他们向父母寻求保护和食物的事实，就足以使父母本能得到满足。当孩子的依赖消失，父母之爱也会随之消逝。这是动物世界的情形，就动物的需要而言，已能获得充分的满足。但是，人类几乎不可

第十一章 爱与同情

能拥有这种朴素的本能。我已经探讨过军事和经济因素的影响，如在宣扬孝道中所体现的那样。现在我关注的是父母本能运作时两种纯粹心理方面的混乱根源。

每当理智服从于源自本能的快乐时，就会产生第一种混乱。广义地说，本能会促使人们做出能产生有益结果的快乐行为，但结果本身可能并不令人快乐。进食是快乐的，但消化却不快乐，尤其是消化不良的时候。性爱是令人快乐的，但分娩却不是。婴儿的依赖令人愉悦，但精力充沛的成年儿子的独立却并非如此。那种具有原始母性类型的女性从吃奶的婴儿身上获得最大的快乐，而随着孩子自理能力增强，这种快乐就会逐渐减少。因此，为了获得快乐，她们倾向于延长孩子的依赖期，并推迟孩子可以脱离父母指导的时间。这种倾向在一些民间俗语中得到反映，例如，"拴在他妈妈的围裙带上"。以前人们认为，要克服男孩身上的这种陋习，除非把他们送去上学。在女孩身上这不会被视为一种陋习，因为人们认为让她们变得柔弱和顺从是件好事（如果她们家境富裕），并希望她们婚后会像以前依恋母亲那样依恋丈夫。但这种情况很少发生，而这种期望的落空催生了关于"丈母娘"的笑话[①]。笑话的目的之一是阻止人们思考——在这方面，这个特别的笑话非常成功。似乎没有人意识到，被培养成依赖他人的女孩自然会依赖其母，以致无法与一个男子建立全心全意的伴侣关系，而专一才是幸福婚姻的本质。

第二种心理混乱更接近于弗洛伊德学派的正统观点。适于

[①] 当时在英国，有不少已婚女性仍旧依赖并只与生母保持亲密关系，这里指社会上流传的关于此类事情的笑谈。——译者注

两性之爱的因素渗入父母之爱时，这种混乱就出现了。我并非指任何必然依赖于性别差异的东西；我仅是指对某种特定情感反应的渴望。性心理学的一部分——实际上是使一夫一妻制成为可能的那一部分，即想要成为某人心目中的唯一，并感到对世上至少某个人的幸福来说，自己比任何其他人都更重要。当这种欲望缔造了婚姻，只有其他若干条件也能满足，才会产生幸福。由于各种原因，在文明国家，绝大部分已婚妇女都缺少满意的性生活。当这种情况发生在一个女人身上时，她很容易从孩子身上寻求一种不当且虚假的欲望满足，而只有男人才能充分而自然地满足这些欲望。我指的并非任何显著可见的东西，而只是某种情感张力、热烈感受，以及过度亲吻和爱抚所带来的快感。过去，人们认为这些是母亲疼爱孩子的十分正常且恰当的表现。事实上，正确与有害之间的差别非常微妙。像某些弗洛伊德主义者那样，主张父母根本就不应该亲吻和爱抚他们的孩子，这是荒谬的。孩子有权从父母那里获得温暖的爱；这能给予他们一种快乐、无忧无虑的世界观，对健康的心理发展也至关重要。但这种关爱应该是孩子眼中理所当然的事物，就像他们呼吸的空气，而不是他们被期望作出回应的东西。关于回应的问题才是事情的关键所在。孩子会有某种自发的回应，这是好事；但这与他们积极寻求同龄玩伴的友谊截然不同。从心理学上讲，父母应当成为背景，孩子则不应以取悦父母为目的而被安排去行动。父母的快乐应在于孩子的成长和进步；孩子以回应的方式给予父母的任何东西，都应作为纯粹的额外收获而满怀感激地接受，就像春日的晴好天气一样，而不应作为天经地义的事情来期盼。

第十一章 爱与同情

除非在性方面得到满足，否则女性很难成为幼儿的理想母亲或理想教师。不管精神分析学家会怎么说，父母本能本质上不同于性本能，而且会因只适合于性的情感因素的侵入而受到损害。从心理学的视角看，雇用独身女教师的习惯是非常不明智的。适合与孩子打交道的女性，她的本能不会从孩子那里寻求对她自己的满足，这种满足本来就不该由孩子来提供。婚姻幸福的女性会自然而然地属于这种类型；其他女性则需要具备一种几乎无法拥有的微妙自制，才能做到这一点。当然，同样的情况也适用于男性，不过这种情形很少发生在他们身上，这既因为他们的父母本能通常不是很强烈，也因为他们很少欲求不满。

至于我们所期望的子女对待父母的态度，对此我们也应该有清晰的认识。如果父母以合宜的方式爱自己的孩子，子女的反应就会如父母所愿。父母来时，孩子们会高兴，父母走时，孩子们会难过，除非他们正沉浸在某种愉快的游戏中；遇到任何身体或心理上的麻烦，他们会向自己的父母寻求帮助；他们敢于冒险，因为他们可以依赖父母在背后给予保护——不过除非在危险关头，这种感觉几乎是无意识的。他们希望父母能回答他们的问题，解决他们的困惑，帮助他们完成困难的任务。父母为他们所做的大部分事情都不会被他们意识到。他们喜欢父母，不是因为父母提供食宿，而是因为父母陪他们玩耍，教他们做新的事情，还讲关于世界的故事给他们听。他们会逐渐意识到父母爱他们，但这应该被视为自然的事。他们对父母的情感和对其他孩子的情感截然不同。父母的行动应当考虑孩子，孩子的行动则应当考虑自己和外部世界，这就是本质区别。孩子在与其父母的关系方面,并没有重要的职责要履行,他的职责就是长身体、广才智,只要他这样做,健康的父母本能就得到了满足。

倘若我传达了这样一种印象,即我要减少家庭生活中的爱或爱的自然表现,那么我会非常遗憾。这根本不是我的本意。我的意思是,爱有不同的种类。夫妻之间的爱是一回事,父母对子女的爱是另一回事,子女对父母的爱又是一回事。如果混淆了这些不同种类的自然情感,是有害的。我不认为弗洛伊德学派在这个问题上已经真理在握,因为他们不承认这些情感在本能上是有差异的。这使得他们对亲子关系在某种意义上持禁欲主义的态度,因为他们将亲子之间的任何一种爱都视为不适当的两性之爱。我认为,除非出现特别不幸的情形,否则不需要任何严格的自我克制。一对彼此相亲相爱也爱其子女的夫妻,应能按照心灵的指引自然地行动。他们需要许多思想和知识,但这些都能从父母之爱中获得。他们绝不应向子女要求那些夫妻之间应该彼此给予的东西,如果他们彼此都感到幸福,他们就不会有此冲动。如果子女得到适当的照顾,他们就会对父母产生一种自然的感情,这种感情不会妨碍他们的独立。所需要的不是禁欲主义的自我克制,而是由理智和知识充分引导的本能的自由及扩展。

我儿子2岁零4个月大时,我去了美国,离家达3个月之久。我不在的时候,他很快乐,而当我回来的时候,他欣喜若狂。我发现他在花园门口不耐烦地等着;他抓住我的手,并开始向我展示那些他特别感兴趣的东西。我想听而不想讲,他想讲而不想听。这是两种不同但却和谐的冲动。轮到讲故事时,

第十一章 爱与同情

他愿意听,我也愿意讲,因此又很融洽。仅有一回,情况反过来了。当他3岁6个月时,适逢我的生日,他母亲告诉他做点什么事让我高兴高兴。听故事是他最大的乐趣;令我们惊喜的是,到了该听故事的时候,他竟宣布因为是我的生日,他要给我讲故事。他讲了十几个故事,然后跳下床说:"今天的故事讲完了。"那是3个月前的事,不过此后他再也没有讲过故事了。

我现在来谈谈一般意义上的爱和同情这个更宽泛的问题。在父母与子女之间,由于父母有可能滥用权力,从而导致与孩子之间的冲突;因而在讨论一般问题之前,有必要先处理这些冲突。

没有任何方法可以强迫孩子产生同情或爱心,唯一可行的方法是观察这些感情自发产生的条件,然后努力创造这些条件。毫无疑问,同情有一部分是出乎本能的。当兄弟姐妹哭泣时,孩子们会很不安,常常也会哭泣。当大人对他们做了什么不好的事,他们会合起伙来激烈地反对大人。有一次我儿子手肘上有个伤口需要包扎,他妹妹(18个月大)在另一个房间里听到了他的哭声,非常难过。她不停地重复着"乔尼在哭,乔尼在哭",直到包扎完毕。还有一次我儿子看到妈妈用针从她自己脚上挑刺,就急切地说:"妈妈,不疼。"他母亲因为想教育他遇事不要大惊小怪,就说是疼的,他坚持说不疼,而他母亲则执意说疼。于是他突然开始抽泣,继而大哭,情绪激动得就像是他自己的脚疼似的。这种情形必定源于本能的生理层面的同情,这是更复杂形式的同情所赖以建立的基础。显然,要让孩子明白这一事实:人和动物都有痛感,而且在某些情况下确实会感到痛苦;除此之外不需要做其他事进行正面教育了。然而,还有一个消极条件:切勿让孩子看见他所敬重的人有冷酷或残忍的行为。如果父亲猎杀动物,或母亲对女仆说话粗鲁,孩子就会染上这些恶习。

如何以及何时让孩子意识到世界上的罪恶,这是个难题。在孩子成长过程中,想让他对战争、屠杀、贫困以及本可预防却任其肆虐的疾病一无所知,是不可能的。到了某个阶段,孩子必须了解这些事情,而且必须将相关知识与这一坚定的信念结合起来:施加甚至容许任何本可避免的痛苦,是可怖之事。在这里,我们面临着一个类似于希望保持女性贞洁的人所面临的问题;这些人原本认为女性婚前在性经验方面应是无知的,不过他们现在已采取更积极的做法了。

据我所知,有些和平主义者希望在教授历史时不提及战争,并认为应尽可能让孩子们对世上的暴行一无所知。但是,恕我不敢赞同这种基于无知的"与世无争式美德"(fugitive and cloistered virtue)。只要教授历史,就应该如实讲授。如果真实的历史与我们想要培养的任何道德相矛盾,那么我们的道德一定是错误的,我们最好摒弃它。我承认,许多人,包括一些最有德行的人,都觉得说实话多有不便,但那是由于他们的德行存在某种软弱之处。只有最充分地了解世界上发生的真实情况,真正强健的道德才能愈发强健。我们绝不能冒这样的风险:接受了无知教育的年轻人,一旦发现世间存在恶行,就欣然投身其中。除非我们能让他们厌恶残忍,否则他们就不会戒除残忍;而如果他们不知道残忍的存在,他们就不可能厌恶残忍。

尽管如此,向孩子传授关于罪恶的知识的正确方法并不容易找到。当然,那些生活在大城市贫民窟里的人很早就知道了酗酒、争吵、家暴等等。如果有其他影响因素加以抵消,也许

第十一章 爱与同情

这些对他们并无害处；但是，谨慎的父母绝不会故意让自己年幼的孩子看到此类景象。我认为，反对这么做的一大理由是，这类景象过于生动地唤起恐惧，会给孩子往后的整个人生蒙上阴影。孩子没有自卫能力，当他第一次了解到儿童也可能遭到虐待时，就会不由自主地感到恐惧。我第一次读到《雾都孤儿》①时大约14岁，惊骇不已，倘若我年纪再小一点，恐怕是不堪忍受的。在孩子长大到足以较为镇定地面对恶劣的事情之前，不应让他们知道这些。对不同孩子来说，这个时期有早有晚：那些长于联想或胆小羞怯的儿童，较之那些感觉迟钝或天性勇敢的孩子，需要更长的保护期。在让孩子面对冷酷的事物之前，应该牢固地建立起一种因期待仁慈而勇敢无畏的心理习惯。时机和方式的选择需要策略和见识；这不是一条规则可解决的。

然而，某些原则是应当遵循的。像《蓝胡子》和《消灭巨人的杰克》之类的故事，完全不包含任何与残忍有关的知识，不会引发我们正在讨论的问题。对孩子而言，它们纯粹是奇幻的，他绝不会以任何方式将其与现实世界联系起来。他从中获得的快乐与野蛮的本能有关，但这些本能对一个毫无能力的孩子来说只是游戏冲动，是无害的，而且随着孩子长大，它们会逐渐消失。但是，首次向孩子说起现实世界中的残忍之事时，必须谨慎选择事例，要让孩子将自己代入受害者，而非施虐者。听到一个让他能以暴君自居的故事，那么他内心的野蛮

---

① 《雾都孤儿》（*Oliver Twist*）是英国作家狄更斯的长篇小说，以19世纪的伦敦为背景，讲述了孤儿奥利弗·特维斯特的悲惨身世和遭遇。——译者注

就会升腾起来；这类故事往往会培养出一个帝国主义者。但是，亚伯拉罕准备将以撒作为祭物的故事，或者母熊杀死受以利沙诅咒的童子的故事，① 自然会唤起孩子对别的孩子的同情。如果要讲述这些故事，应旨在说明以前的人堕落到了何等残忍的地步。我小时候曾经听过长达一个小时的布道，完全是为了证明以利沙诅咒童子是对的。庆幸的是，我年龄已大到足以认为那牧师是蠢人，否则我恐怕会被吓得精神失常。亚伯拉罕和以撒的故事更加可怕，因为对孩子残忍的是他的父亲。如果讲述这些故事时假定亚伯拉罕和以利沙是良善之人，那么它们或者对孩子毫无触动，或者会极大降低孩子的道德水准。但如果将它们作为人类罪恶的一种引介来讲述，它们就会起到作用，因为这些故事虽然生动逼真，却是久远年代前虚构杜撰的作品。《约翰王》② 中赫伯特挖掉小阿瑟眼睛的故事，也可以这般使用。

其次，历史教学或许会讲到所有战争，但在讲述战争时，应当首先对战败者表示同情。我主张从那些很自然会让人站在战败方立场的战役讲起——例如，给英国儿童上课可以讲讲黑斯廷斯战役③。我会始终强调战争所造成的创伤和苦难，并逐

---

① 两人均为《圣经》中的人物。亚伯拉罕（Abraham）是以色列人的祖先，他拟杀儿子以撒（lsac）献祭上帝，故事载于《旧约·创世纪》。以利沙（Elisha）是以色列人的先知，有关他的故事载于《旧约·列王纪》。——译者注

② 《约翰王》（King John）是莎士比亚所著历史剧，探讨王权的合法性与道德约束。——译者注

③ 黑斯廷斯战役（Battle of Hastings）发生在1066年，系英王哈罗德二世与入侵者诺曼底公爵之间的战争，以哈罗德的失败告终。——译者注

第十一章 爱与同情

渐引导孩子在阅读关于战争的内容时不带偏袒之心，只是认为双方都是闹脾气的蠢人，应让保姆把他们按到床上，直到他们学乖了。我会把战争比作幼儿园里孩子们之间的争吵。通过这种方式，我相信可以让孩子们看清战争的本质，并且领悟到战争是愚蠢的。

如果孩子注意到任何冷酷或残忍的真实事件，就应该对此充分讨论，依据大人自己赋予这一事例的全部道德价值，并始终这样暗示：那些行为残忍的人都是蠢人，对任何较好的追求一无所知，之所以这样是因为他们未曾得到良好的教养。但若儿童并未自动观察到现实世界中的这类事实，我就不主张唤起孩子的注意，直到他从历史课和故事中对这类事实熟悉之后，我再逐渐引导他了解周围环境中的恶。但我会始终让他感到，邪恶是可以战胜的，而且恶源于无知、缺乏自控和不良教育。我不会鼓励他对作恶者义愤填膺，宁可将他们看作不懂幸福为何物的蠢货。

在本能萌发的基础上，宽厚同情心的培养主要是一个理智问题：它取决于对注意力的正确引导，以及对军国主义者和专制主义者所掩盖的事实的认识。不妨以托尔斯泰对拿破仑获胜后视察奥斯特里茨战场的描写为例。① 大多数史书写到这场战争结束就完了事；但托尔斯泰不过是多写了半天战场上的事，就将一个完全不同的战争场景呈现了出来。② 这不是通过

---

① 奥斯特里茨战役（Battle of Austerlitz），1805年法军与俄奥联军的决定性会战，法军以少胜多。俄国作家列夫·托尔斯泰在《战争与和平》中再现了该战役的残酷与荒诞。——译者注

② 托尔斯泰在《战争与和平》中，用近乎冷酷的细节展示了拿破仑的虚伪表演、濒死士兵的个体苦难、自然对杀戮的漠然，解构了传统战争的"英雄叙事"。——译者注

隐瞒事实,而是通过给出更多的事实来实现的。凡适用于战争的,同样适用于其他形式的残忍。在所有的事例中,应该都没什么必要强调道德;正确呈现事实本身,就足够了。不要进行道德说教,而是要让事实在孩子的心灵上生发出其自身蕴含的道德。

关于爱我还想说几句,爱与同情有别,它在本质上必然是有选择性的。我已阐述过亲子之爱,现在我想谈的是地位平等的人之间的爱。

爱不能被创造,它只能被解放。有一种爱部分地植根于恐惧,对父母的爱就有这种因素,因为父母提供保护。在儿童时期,这种爱是自然的,但在以后的人生中,它就不可取了,并且即使在儿童时期,对其他孩子的爱也不属于这一种。我的女儿很爱她的哥哥,虽然在她的世界中,他是唯一欺负过她的人。平等者之间的爱,才是最美好的那种爱,它更可能在幸福而无恐惧的情况下存在。至于恐惧,无论有意识与否,都很容易滋生厌恶,因为在心怀恐惧的人看来,其他人都可能对自己造成伤害。就现状而言,大多数人因为嫉妒而不能博爱。我认为,嫉妒只能由幸福来避免;道德训练也无法触及嫉妒的潜意识形态。反过来,幸福在很大程度上被恐惧所阻碍。父母和所谓的"朋友"以名义上的道德为由,去阻止那些有机会获得幸福的年轻人,实际上他们是出于嫉妒。如果这些年轻人有足够的胆识,就会无视那些摇唇鼓舌者;否则他们只能自甘堕落,与那些心怀嫉妒的道德家沆瀣一气。我们一直在讨论的品性教育旨在产生幸福和勇气,因此,我认为品性教育是在尽其所能地释放爱之源泉。除此之外,别无他法。如果你告诉孩

第十一章 爱与同情

子，他们必须得有仁爱之心，你就有培养出虚伪和做作之人的风险。但是，若你使他们幸福自由，若你用友善环绕他们，你就会发现，他们自然而然地善待所有人，而且几乎所有人都会投桃报李。真诚而亲切的性格本身足以自证其合理性，因为它具有不可抗拒的魅力，并能引发预期的回应。这是从正确的品性教育中可望获得的最重要成果之一。

第十二章　性教育

　　性这个话题被迷信和禁忌重重包围，因此我在谈论时颇感战兢。我担心，那些此前认同我观点的读者，在看到这些观点应用于性这个领域时，可能会心生怀疑；他们也许已经乐于承认无畏和自由对孩子是有益的，但在涉及性的问题时，他们仍然想让孩子保持服从和恐惧。我不能对自己坚信正确的原则设限，我要像对待构成人类品性的其他冲动一样来对待性问题。

　　性具有与禁忌无关的独特性，即性本能是晚熟的。诚然，正如精神分析学家所指出的（尽管有些夸大其词），这种本能在童年时期并非不存在。但它在童年时期的表现与成年后不同，强度也小得多，而且对于一个男孩来说，要像成人那样放纵，在肉体上也是不可能的。青春期潜伏着严重的情绪危机，这些危机深刻影响智力教育，引发种种混乱，给教育者带来了棘手的问题。这类问题中的许多方面我都不想讨论，我主要想讨论的是在青春期之前应该做些什么。这方面最需要教育改革，尤其是在婴幼儿时期。尽管我在许多细节上与弗洛伊德学派存在分歧，但我认为他们作出了一个极有价值的贡献，即指出了在幼儿性问题上处理不当，会导致其以后出现精神紊乱。

第十二章 性教育

他们的工作已在这方面产生了广泛的有益成果,但依旧存在很多偏见有待克服。当然,由于孩子在出生后的头几年,主要被交给完全缺乏相关知识的女性来照顾,这种做法极大增加了克服偏见的难度,因为我们不能指望她们了解,更别说相信专业人士的长篇大论——专业人士们为了逃避淫秽的指控,又不得不冗长曲折地表达。

按照时间顺序来看,母亲和保姆最先遇到的问题是手淫。权威人士指出,这种现象在2岁和3岁的孩子身上是普遍存在的,但通常稍后就会自行停止。有时它会因某种本可避免的特定的生理刺激而表现得更加显著。(医学细节不在我的讨论范围内。)但即使没有这些特殊原因,手淫现象通常也会存在。过去,人们习惯用恐怖的眼光看待手淫,并以可怕的威胁来试图阻止。虽然孩子相信了这些威胁,但它们通常并不起作用;结果是孩子生活在极度痛苦的恐惧之中,这种恐惧很快会脱离其始因(因受压抑而进入潜意识),但却会导致噩梦、神经质、幻觉和惊悸。若听其自然,幼年的手淫显然对健康没有不良影响[①],也未发现对品行有不良影响。在这两方面所观察到的不良影响,似乎全应归咎于对其加以制止的企图。即使手淫有害,发布那种不会真正被遵守的禁令也是不明智的;而从事件的性质推断,也不能确保在你禁止孩子手淫后,他会就此作罢。如果你不干涉,这种行为可能很快就会停止。但你若进行干涉,就会使手淫停止的可能性大为降低,并为可怕的神经衰弱埋下了祸根。因此,即使存在困难,在这方面,还是让孩子

---

① 在极少数事例中,手淫对孩子造成轻微损害,但这极易治愈,而且其损害并不比吸吮拇指的损害更大。

自便为好。我的意思并不是说，除了禁令之外就毫无对策了。孩子困了的时候再让他上床睡觉，这样他就不会长时间醒着躺在床上。在床上放几件他心爱的玩具，这样可以分散他的注意力。诸如此类的方法都无可非议。但如果这样做无效，也不要诉诸禁令，甚至不要让孩子注意到他沉溺于这一行为的事实，那么手淫很可能会自行停止。

性好奇心通常始于3岁那年，表现为对男女之间以及成人和儿童之间的身体差异产生兴趣。从本质上讲，这种好奇心在幼儿期并不具有特殊性，只是普通好奇心的一部分。这种好奇心之所以在传统教育下的儿童身上具有特殊性，是由于成年人故弄玄虚。如果不是弄得神秘兮兮的话，好奇心一得到满足就会消失。孩子从一开始就应该被允许看到他的父母、兄弟姐妹的裸体，只要这是自然发生的。总之不要大惊小怪；孩子不会知道人们对于裸体是有感觉的。（当然，以后他必须知道。）可以看到，孩子很快就会注意到父母之间在身体上的区别，并把它们与兄弟姐妹之间的不同联系起来。但是，一旦探索到这个程度，这个话题就像时常敞开的橱柜一样变得无趣。当然，孩子在此期间提出的任何问题都必须回答，就像回答其他方面的问题一样。

回答问题是性教育的重要组成部分。有两条规则须贯彻其中。第一，总是如实回答问题；第二，将性知识与其他知识完全等同看待。如果孩子问你一个关于太阳、月亮、云朵，或者关于汽车或蒸汽机的聪明问题，你会很高兴，并尽可能多地告诉他能理解的内容。这种答疑解惑是早期教育非常重要的组成部分。但若孩子问及有关性的问题，你可能忍不住要说"住

第十二章　性教育

口，住口"。即使你知道不该那样做，你可能还是会简短、生硬地回答，或许还会带着一丝尴尬的神情。孩子会立刻注意到其中的微妙之处，这样你就给滋生色情心理创造了条件。你应当充分而自然地作答，就好像这个问题是关于其他事情的。甚至在潜意识里，都不要让自己觉得性有什么可怕和肮脏之处。如果你这样做了，你的感觉就会自动传达给他。孩子必然会认为父母之间的关系有什么不堪之处；后来，他会得出结论：父母认为导致他出生的行为是不好的。儿时的这种感觉会使得本能的快乐情绪几乎不可能产生，不但在青少年时期如此，成年以后也是如此。

如果孩子有弟弟妹妹要出生，那么当他大到能提出有关问题时，比如说3岁以后，就告诉他这个孩子是在妈妈肚子里长大的；并告诉他，他也是以同样的方式生长。让他观看母亲给婴儿喂奶，并告诉他，同样的事也曾发生在他身上。所有这一切，就像所有其他与性有关的事情一样，都应该以纯粹科学的态度讲述，没必要弄出煞有介事的样子。不要跟孩子谈论什么"母性神秘而神圣的功能"；整件事必须完全实事求是。

如果在孩子大到足以提出关于生育的问题时，家里还没有新成员出生，那么这个问题恐怕要由"这发生在你出生以前"这类话题引起。我发现我儿子还很难理解曾经有个他不存在的时期；如果我跟他谈论金字塔的建造或其他类似的话题，他总是想知道那时他在做什么，当被告知他当时不存在时，他就显得困惑不解。他迟早会想知道"出生"是什么意思，到那时我们再告诉他。

在回答这类问题时，好像很少会自然地提到父亲在生育上的作用，除非孩子生活在农场里。但重要的是，孩子应该首先从父母或教师那里了解相关知识，而不是从因不良教育而变得下流的孩子那里获得。我清楚地记得，在我12岁的时候，另一个男孩向我讲述了这一切；他用亵渎的态度对待整件事，把它当作一个提供黄色笑话的话题。这就是我们那一代男孩的普遍经历。其自然后果是，绝大多数人终其一生都认为性是滑稽下流的，导致他们无法尊重与他们发生性关系的女性，即使她是他孩子的母亲。尽管父亲们肯定记得自己是如何获得最初的性知识的，但父母们还是奉行了一种懦弱的碰运气策略。我无法想象，这些父母如何能认为这样的做法有助于让孩子心智健全或品行端正。必须从一开始就把性当作自然的、快乐的，以及正当的。否则，就会毒害男女关系和亲子关系。性的最佳状态存在于彼此挚爱，也爱孩子的父母之间。让孩子从父母的关系中初步了解性，远比让他们从黄色笑话中获得第一印象要好得多。如果他们竟然发现父母的性生活像需要隐瞒的罪恶秘密，那就尤为糟糕。

如果不存在被其他孩子教坏的可能性，这个问题就可听任孩子的好奇心自然发展，父母只需回答问题即可——前提始终是要让孩子在青春期到来之前知道这一切。这一点无疑是绝对必要的。让一个孩子毫无准备地承受青春期的生理和情感变化，是一件非常残酷的事情，这可能会使孩子觉得自己染上了某种可怕的疾病。此外，青春期之后所有关于性的话题都会极富刺激性，以至于孩子不能以科学的态度接受教育，而在这之前是完全有可能的。因此，在进入青春期之前，除了要完全远离淫秽的言论，孩子还应了解性行为的本质。

第十二章　性教育

应在青春期之前多久告诉孩子相关知识，则须视情形而定。一个好奇且思维活跃的孩子应当先于迟钝的孩子。任何时候都不应使好奇心得不到满足。不管孩子多小，只要他有疑问，就应回答他。而且他的父母应该表现出这样的态度：无论他想知道什么都可以问。但是，如果他不主动问，无论如何都必须在10岁之前告诉他，以免先被别人以有害的方式告诉他。因此，通过讲解动植物的繁衍来激起儿童的好奇心，也许是可取的。千万别过于郑重其事，讲前还清清嗓子来段开场白："儿子，我现在要告诉你一些你是时候知道的事了。"整个事情应被视为普通、寻常的小事而已。这就是最好采取问答形式的原因。

我想，现在已经没有必要争辩男孩和女孩必须一视同仁了。我年轻时，这种情形很常见：一个"有教养"的女孩结婚时对婚姻的性质一无所知，不得不向丈夫学习；但近年来我很少听到这样的事了。我想，如今大多数人都认识到，源于无知的美德毫无价值，女孩和男孩一样有权获得知识。如果还有人没有认识到这一点，他们不大可能阅读本书，所以也不值得和他们争论。

我不打算讨论狭义的性道德教育。这是一个见仁见智的问题。在对这个问题的看法上，基督教徒和伊斯兰教徒不同，天主教徒与容忍离婚的新教徒不同，自由思想者与恪守中世纪传统的人不同。① 家长们都希望用自己所信奉的特定的性道德来

---

① 上述教派（或派别）的区别是：基督教主张一夫一妻，而伊斯兰教允许多妻（最多四妻），但须公平对待；天主教反对离婚，而新教对离婚持宽容态度；自由思想者在性问题上反对禁锢，而恪守中世纪传统者赞同禁欲。——译者注

教育孩子，我希望政府不要干涉他们。但抛开那些有争议的问题，仍有许多内容可能是大家的共识。

首先是卫生问题。年轻人在面临感染性病的风险之前，必须了解性病。应该如实地向他们传授有关知识，不要像有些人为了道德利益而夸大其词。他们既要学习如何避免性病，也要学习如何治疗性病。只对道德完美之人进行必要的教育，而把发生在他人身上的不幸视为对罪恶的惩罚，这是错误的。不然的话，我们也能拒绝帮助一个在车祸中受伤的人，理由是粗心驾驶是一种罪过。此外，在这两种情形中，惩罚都可能落在无辜者身上；正如人们不能认为被莽撞的司机撞倒的人有罪一样，人们也不能认为染上先天性梅毒的孩子有罪。

应当引导年轻人懂得，生儿育女是一件非常严肃的事情，除非可以合理地预期孩子有健康且幸福的前景，否则不应随便生孩子。传统观点认为，在婚姻内，生儿育女总是合理的，即使频繁生育毁掉了母亲的健康，即使孩子有病或精神失常，即使孩子没有足够的食物喂养。这种观念现在只有无情的教条主义者还在坚持，他们认为凡是令人性蒙羞的事都能彰显上帝的荣耀。那些关爱孩子或不以折磨无助者为乐的人，都反对这种使残忍行为合理化的无情教条。关心儿童的权利和价值，以及由此所包含的一切，应该成为道德教育不可或缺的部分。

应该教导女孩，让她们预期到自己有一天可能会成为母亲，她们应该掌握一些在母婴方面有所助益的基本知识。当然，男孩和女孩都应该学习一些生理和卫生知识。应让他们明白，缺乏父母之爱，就不能成为好父母；但即使有了父母之爱，也需要大量的知识。缺乏知识的本能，和缺乏本能的知识一样，都不足以抚养孩子。对知识的必要性理解得越深，聪慧的女性就越为母亲的身份所吸引。许多受过高等教育的女性轻视母亲这个角色，认为做母亲无法为她们提供展示才华的机会；这是一种巨大的不幸，因为如果她们将心思转向这方面，她们有能力成为最优秀的母亲。

在有关两性之爱的教育中，还有一件事至关重要。不应将嫉妒视为对于权利的正当维护，而应视为嫉妒者的不幸及对被嫉妒者的不公。当占有欲侵入爱情，爱情就会失去激发生机的活力，且将人性剥蚀殆尽；反之，爱情能使人性完善，并带来更活泼热烈的人生。过去，父母因灌输爱是一种义务而破坏了与孩子的关系；现在，丈夫和妻子仍经常因同样的错误而毁坏彼此的关系。爱情不能成为义务，因为它不受意志的支配。它是上天的恩赐，是上天馈赠的最好的礼物。自由而自发的爱情才能展示出美妙和喜悦，那些将爱囚禁于牢笼的人是在毁坏这一切。这里，恐惧再次成为敌人。恐惧失去人生幸福的人其实已经失却了它。在这一点上，正如在其他事情上一样，无畏才是智慧的本质。

因此，在教育自己的孩子时，我会尽量防止他们学习那种我认为有害的道德准则。有些自己持自由主义观点的人愿意让他们的孩子先接受传统道德，孩子只能在以后再摆脱后者的钳制——如果可以的话。我不能认同这种做法，因为我认为，传统的准则不仅禁止无辜的东西，还推崇有害的东西。那些接受传统教育的人，几乎不可避免地会认为有理由放纵自己的嫉妒情绪；此外，他们还可能被性问题所困扰，或主动或被动。我不会教导孩子一生对伴侣忠贞不渝在任何情况下都是可取的，或者，一段稳固的婚姻应该排除短暂的恋情插曲。只要嫉妒被视为正当，这类插曲就会导致严重的冲突；但如果双方都接受一种限制较少的道德观念，他们就不会产生矛盾。如果可能，有孩子的婚姻关系应该尽可能地维系，但不一定因此而必须排他。当双方自由且不存在金钱动机时，爱情就是美好的；若这些条件不具备，爱情则往往是糟糕的。正是因为传统的婚姻常常不能满足这些条件，人们才必须用一种基于希望而非恐惧的、积极的而非限制性的道德，来合乎逻辑地反对大家在性问题上已接受的准则。我们没有任何理由让孩子接受我们自己都认为有害的道德观念。

最后，父母和教师对待性的态度应当是科学的，而非情绪化或教条式的。例如，说到一位母亲跟女儿谈论性问题时，后一种态度的表现是："让她以崇敬的态度讲述自然的旨意"；说到父亲在这个问题上教导儿子，后一种态度的表现是："父亲应该以敬畏的态度解释自然在开启新生命上的旨意"。此类言论或许会被读者一带而过，觉得其中并无值得质疑之处。但在我看来，解释与性相关的问题，不应比解释蒸汽机的结构带有更多的"敬畏"（reverence）。"敬畏"有一种特殊的语气，孩子能从中推断出性具有某种特殊性质。从这种结论到色情和下流只有咫尺之遥。只有当我们不再把性问题与其他问题区别对待时，我们才能确保得体地对待它。由此可见，我们决不能宣扬那些毫无证据且大多数公正的学者都质疑的教条，比如，"成年之后，可以实现的理想的两性社会关系是绝对忠诚的一夫一妻制婚姻"（前引书，第310页）。这一论断或许正确，或许错误；目前肯定没有足够的证据能证明其正确性。若将其当作无可置疑的内容来传授,我们就放弃了科学的态度,并且尽己所能地抑制了对这一极其重要问题的理性思考。只要教师们还坚持这种教条主义,就别指望他们的学生会理性地对待任何让他们反应激烈的问题。而取代理性的,必定是暴力。

第十三章　幼儿园

在前面的章节中,我已试图就如何培养幼儿的习惯,以使他们在未来的生活中能够幸福和受益作了概述。但我还没有讨论是由父母来进行这种培养,还是由为此目的所设计的学校来进行的问题。我认为,支持幼儿园的论据是完全压倒性的——开设幼儿园不仅是为贫穷、无知和劳苦人家的孩子,而且是为所有孩子,或者至少是为所有生活在城镇的孩子。我相信,在玛格丽特·麦克米伦小姐①于德特福德开办的幼儿园里,孩子所受到的教育优于任何富家子弟目前所能接受的。我希望看到同样的体系推广到所有孩子身上,无论贫富。不过,在讨论任何现实的幼儿园之前,让我们先来看看为什么人们渴望有这样一种机构。

首先,幼儿期在医学和心理学上都具有无可估量的重要性。这两个方面非常紧密地交织在一起。例如,恐惧会让孩子

---

① 玛格丽特·麦克米伦（Margaret McMillan, 1860—1931）,英国教育家,主张通过游戏、户外活动促进儿童发展。她与姐姐拉歇尔·麦克米伦（Rachel McMillan）一起,为改善贫困儿童的条件而努力,推动了多项教育和社会改革措施,对现代学前教育体系影响深远。——译者注

第十三章 幼儿园

呼吸不畅,而呼吸不畅又会让孩子患上各种疾病。① 这种相互关联不胜枚举,以至缺乏一定医学知识,便不能企望成功培养孩子的品性;而没有一定心理学知识,也不能企望成功维持孩子的健康。在这两方面,所需的大部分知识都是全新的,其中许多都与历来受到尊重的传统相悖。以纪律问题为例。与孩子争论时的最大原则是:不让步,但也不惩罚。一般家长有时会为了过上清静日子而让步,有时会因为恼怒而惩罚;若想取得成功,正确的做法是将耐心和启发的能力巧妙地结合起来。这是心理学方面的一个例子;通风则是医学方面的。如果父母细心且明智,孩子就能享受日夜不断流通的新鲜空气,衣服也不用穿太多。但如果父母不够细心明智,因潮湿或突然受凉而感冒的风险就不容忽视。

照料幼儿是一门全新而困难的艺术,不能指望家长们具有足够的技能和闲暇。对于没文化的父母来说,这是显而易见的;他们不知道正确的方法,即使教给他们,他们也不会信服。我住在一个临海的农业区,那里很容易获得新鲜食物,气候既无酷暑也无严寒。我之所以选择这个地区,主要是因为这里对孩子的健康很是理想。然而,几乎所有农民、店主等人家的孩子,都面色苍白、无精打采,因为他们饮食无度,又不能尽情玩耍。他们从不去海边,因为到水边玩被认为是危险的。即使在最炎热的夏天,他们在户外也总是穿着厚厚的毛外套。如果他们玩耍时大声吵闹,大人就会采取措施让他们行为保持"体面"。但是,他们可以很晚才睡,并能得到各种有损健康

---

① 这一问题见 *The Nursery-School*, by Margaret McMillan (Dent, 1919), p. 197。

的成人零食。他们的父母无法理解为何我的孩子没有因为感冒和受冻而早早夭折,但是任何现实的教训都无法使他们相信自己的方法还有改进的余地。他们既不贫穷,也不缺乏父母之爱,但由于没受过良好教育,他们固执地无知着。至于那些贫困又疲于生计的城里父母,这些缺点的危害自然严重得多。

但是,即使是那些受过高等教育的父母,他们尽职尽责,而且也不太忙碌,他们的孩子在家里也不能像在幼儿园里那样,学到那么多他们所需要的东西。首先也是最重要的一点,他们无法得到同龄孩子的陪伴。这些家庭通常都是小家庭,如果是这样,孩子易受长辈的过度照料,以致变得神经质和早熟。此外,家长们缺乏能让他们游刃有余地管好众多孩子的经验。只有富裕家庭才能提供最适合幼儿的空间和环境。倘若这些条件专为某一家的孩子提供,会让孩子滋生占有欲和优越感,这在道德层面危害极大。鉴于上述原因,我认为,即使是最称职的父母,也最好从孩子2岁起就把他们送进一所合适的学校,孩子每天至少要在那里度过一部分时间——只要附近有这样的学校。

目前,根据父母的状况设有两种幼儿园。有面向富裕孩子的福禄贝尔①学校和蒙台梭利学校,也有少数面向贫家孩子的幼儿园。在后者那里,最著名的是麦克米伦小姐开办的学校,前面提到的那本书对此有介绍,每个关爱孩子的人都应该读一读那本书。我倾向于认为,目前任何一所面向富裕孩子的学校都不如她的学校好,部分原因是她学校里的孩子更多,部分原

---

① 福禄贝尔(Friedrich Froebel, 1782—1852),德国教育家。1840年他将自己创办的幼教机构命名为"幼儿园",同时创立了幼儿园理论;19世纪下半叶后,幼儿园开始风靡全世界。——译者注

第十三章 幼儿园

因是她不受中产阶级势利地强加于教师的吹毛求疵的搅扰。她的目标是,尽可能让孩子们从1岁一直读到7岁,不过教育部门倾向于认为孩子们5岁就应该去普通小学①。孩子早上8点来,晚上6点才离校,一日三餐都在校内吃。他们应尽可能多地在室外活动,在室内也应能呼吸到大量新鲜空气。孩子在获准入校前,要接受医学检查,如有疾病,便尽可能在诊所或医院治愈。孩子们入校后,几乎都变健康了,并始终保持着健康,例外的极少。学校有一个美丽的大花园,孩子们很多时间都在那里玩耍。教学大致遵循蒙台梭利教育法。晚餐之后孩子们都要睡觉。尽管到了晚上和周日,他们不得不待在贫困不堪的家中,甚至要跟喝得醉醺醺的父母同住地下室,但他们的身体素质和智力水平能达到中产阶级孩子中最优秀者的程度。下面是麦克米伦小姐对她7岁学生的描述:

> 他们几乎都是身材高大、体态挺拔的孩子。哪怕有的孩子没那么高,也都身板笔直。这些孩子通常都体格健壮,他们皮肤洁净、眼睛明亮、头发柔顺。就平均水准而言,相比中产阶级上层那些体型最好的富家子女,他们还要略胜一筹。关于他们的体格就说这么多。精神方面,他们思维敏捷、善于社交,对生活和新体验充满渴望。他们能完美或近乎完美地阅读和拼写。他们书写工整,表达流畅。他们能说一口流利的英语,法语也熟练。他们不仅能够自立,多年来还一直在帮助比自己小的孩子。此外,他

---

① 当时英国法律规定,义务教育的起始年龄是5岁,在小学中,要为5—7岁幼儿开办幼儿班。——译者注

们能计算，能测量，能设计，还为学习科学知识做了不少准备。他们入校后的头几年是在充满爱、宁静与欢乐的氛围中度过的，最后两年则充满了有趣的经历和实践。他们了解园艺，会种植、浇水，还照料过植物和动物。7岁的孩子们还能跳舞，唱歌，玩许多种游戏。很快，成千上万这样的孩子就将走进小学的校门。应当怎样对待他们呢？首先，我想指出，这些来自底层、健康又充满活力的孩子的突然涌入，必将改变小学教师们的工作。要么幼儿园成为无关紧要的存在，也就是一种新的失败；要么它很快不仅会影响小学还会影响中学。它将提供一种有待教育的新型儿童，这不仅迟早会影响所有学校，还会影响我们的整个社会生活，影响为民众所建构的政府及法律的类型，影响我国和其他国家的关系。

我认为这些说法并不夸张。如果幼儿园得到普及，就能在一代人之内消除教育上深刻的差别——正是这种差别在当今划分了不同阶级；就能使所有人都共享精神和身体上的发展，这种发展目前仅限于最幸运的人享有；就能消除疾病、愚昧和邪恶所造成的沉重负担，这种负担如今使得进步如此步履维艰。根据1918年《教育法》，幼儿园本应由政府拨款予以推动；然而当"格迪斯大斧"① 政策实施后，为了便于与日本开战，政府又认为更重要的事情是建造巡洋舰和新加坡

---

① "格迪斯大斧"（Geddes Axe），1921年，英国经济学家埃里克·格迪斯公爵（Sir Eric Geddes, 1875—1937）担任主席的委员会推行的大幅削减政府支出的政策，因削减力度大如斧砍而得名。——译者注

第十三章　幼儿园

港。眼下，政府每年耗费 65 万英镑进口含防腐剂的加拿大黄油和培根，而不是丹麦的纯质黄油，并劝诱民众食用这些有毒食品。为了达到这一目的，我们的孩子得遭受疾病、困苦和蒙昧，而若将每年所耗费的这笔经费用于开办幼儿园，就能拯救众多孩子免受其苦。如今母亲们已经有了投票权，她们有一天能学会行使这种权利，为她们的孩子谋幸福吗？①

抛开这些泛泛之论，人们还须认识到，正确照料幼儿是一项极其需要技巧的工作，不能指望父母能做得很圆满；而且这项工作与日后的学校教育截然不同。让我们再次引用麦克米伦小姐的话：

> 幼儿园里的孩子体质相当好。不仅贫民区邻居家的孩子远不能与之相比，就连所谓的"上等人"（betters），即住在富人区的、体格很好的中产阶级儿童，也不及他们。显然，除了父母的爱和"父母责任"之外，孩子还需要更多的东西。那些经验之谈都已失败，无知的亲子之爱也已失败。但儿童教育并未失败，这是一项高度技术化的工作。

关于经费问题，麦克米伦小姐说：

> 现在一所 100 名儿童规模的幼儿园，每年人均经费

---

① 尽管麦克米伦小姐是美国人（译者按：此处应为误笔，麦克米伦为英国人），但据我了解，幼儿园在美国比在英国更不受重视。不过，由于美国不存在欧洲那种财政困难，因此这项运动也许有望在那里广泛开展起来。奥谢的书中没有提到这一点，虽然从他在第 182 页的评论中可以明显地看出幼儿园的必要性。

155

12英镑便能运作，而最贫困地区的家长也可以支付其中的三分之一。雇学生当职员的幼儿园①会增加费用，但所增加的经费有大部分是付给这些未来教师的报酬和生活费。一所拥有约100名儿童和30名学生的露天幼儿园及训练中心，每年约需2200英镑。

不妨再引用一段：

幼儿园的一个突出成果是，能使孩子更快地学完目前的课程。这样，等他们在现今的小学度过一半或三分之二的时光时，就可以准备继续学习更高等的知识了……简言之，倘若幼儿园是一个真正的可以养育而不仅仅是一个"照管"孩子到5岁的地方，它将非常有力且迅速地影响我们的整个教育体系。它将从小学开始，迅速提升各级学校可能达到的文化和成绩标准。它将证明，我们置身其中的这个充满疾病和苦难的温床，以及因此导致的医生职业比教师更显要的状况，是能够被清除殆尽的。它将使学校厚重的墙壁、可怕的大门、坚硬的操场、阴暗巨大的教室看起来像是怪物——它们的确就是怪物。它将给教师们提供机遇。

幼儿园的地位介乎早期的品性培养和后来的学校教学之间。在幼儿园里，这两种教育同时进行，且彼此相辅相成，随

---

① 当时英国的幼儿园不仅招收幼儿，同时还培训教师。——译者注

第十三章　幼儿园

着孩子年龄的增长，教学所占的比重逐渐增大。蒙台梭利女士正是在具有类似功能的机构中完善了她的方法。在罗马的一些宽敞的经济型公寓中，为3岁到7岁的孩子专门腾出了一个大房间，而蒙台梭利女士就受托管理这些"儿童之家"[①]。和在德普特福德一样，这些孩子都来自最贫困的阶层；也和在德普特福德一样，结果表明，早期的悉心照料能够克服不良家庭环境给孩子身心带来的不利影响。

值得注意的是，自从塞甘[②]时代以来，幼儿教育方法的进步都来自对白痴和智障者的研究。在某些方面，这两种人的心智仍处于婴幼儿状态。我认为，之所以需要走这样一条迂回之路，是因为人们认为精神病人的愚笨并不应受到指责，也不能通过惩罚来治疗；没有人认为阿诺德医生的鞭罚能医治他们的"懒惰"。因此，他们得到的不是愤怒而是科学的对待；如果他们不理解，也不会有暴躁的教师对冲他们大吼大叫，斥责他们应该感到羞愧。如果人们能让自己对儿童采取一种科学的而非道德说教的态度，他们本不必先去研究智力缺陷，就能早早发现如今已为人所知的儿童教育方法。"道德责任"的观念要为许多罪恶负"责任"。设想有两个孩子，其中一个有幸上了幼儿园，而另一个却留在无望的贫民区生活。如果后者长大后不及前者受人称道，那么他是否负有"道德责任"？他的父母因无知和疏忽而无法教育好他，他们要负"道德责任"吗？富家子弟在贵族学校里被培养成自私和愚蠢的人，他们宁愿追

[①] 见 Montessori, *The Montessori Method*(Heinemann, 1912), p. 42ff。

[②] 塞甘（Edouard Seguin, 1812—1880），法国医生、教育家，在智力障碍儿童特殊教育领域影响深远。——译者注

求自己愚蠢的奢华享受，也不愿去创建一个幸福的社会，他们要负"道德责任"吗？所有这些人都是环境的牺牲品；他们的性格都在幼年时期被扭曲，理智又在学校里受到妨害。只因他们未能像本应有的那般幸运，就对他们大加指责，认定他们应负"道德责任"，这是毫无益处的。

在教育上和在其他人类事务上一样，只有一条臻于进步之路：由爱所引导的科学。没有科学，爱就无能为力；没有爱，科学就会具有破坏性。在改善幼儿教育方面所做的一切，都是那些关爱孩子的人所做的；是那些懂得在教育上可用科学来施教的人所做的。这是我们从女子高等教育中的获益之一：在过去，爱科学和爱孩子很少有共存的可能。科学让我们拥有了塑造年轻人心灵的力量，这种力量一旦被滥用，其后果极为可怖。它若落到坏人手里，可能会造就一个比混乱的自然世界更无情残酷的世界。孩子们可能会在宗教、爱国主义、无畏精神、共产主义、无产阶级和革命热情的幌子下，被教导成偏执、好战和残暴之辈。教育必须由爱所激发，又必须以培养孩子的爱心为旨归。否则，随着科学技术的不断进步，教育的危害性会愈发严重。对儿童的关爱已经作为一种有效的社会力量存在，婴儿死亡率的降低和教育的改进便是明证。这种力量还太微弱，否则我们的政客们就不敢牺牲无数儿童的生命和幸福，来实现他们杀戮和压迫的罪恶计划；但这种爱确实存在，并且在不断增强。然而，其他形式的爱却不可思议地缺乏。那些对儿童关怀备至的人，却怀着满腔热情地希望孩子在那些纯粹是集体疯狂的战争中送命。将对孩子的爱逐渐扩展到对他行将变成的大人的爱，这难道很过分吗？爱孩子的人能否学会在

第十三章 幼儿园

孩子长大成人后,仍能给他们以同样的父母般的关怀?在使孩子获得强壮的体魄和蓬勃的精神之后,我们是否应该让他们利用自己的力量和活力去创造一个更美好的世界?或者,当他们投身于这项工作时,我们却因恐惧而退缩,把他们重新推回奴役和被驯之中?科学在这两个方面都可发生作用,选择只在爱与恨之间。不过,恨总是会动用一切美好的辞藻来粉饰自己,这些辞藻为职业道德家们所顶礼膜拜。

第三编

智力教育

第十四章 一般原则

迄今一直作为我们的主题讨论的有关品性的培养，主要应是婴幼儿时期的事情。如果引导得当，到孩子6岁时，它就应基本完成。我并不是说6岁之后品性就不会变坏；不良的条件或环境在任何年龄都会造成损害。我的意思是，如果孩子接受了正确的早期训练，那么只要对环境适当注意，在6岁以后，他们养成的习惯和拥有的愿景就会引导他们走上正道。只要校方稍有见识，一所由6岁前接受过正确培养的孩子组成的学校，就会构成良好的环境；不需要花太多的时间或心思去考虑道德问题，因为纯粹的智力训练会自然而然地培养出所需要的其他美德。我并非教条地将此作为一条绝对规则，而只是把它当作一条引导校方的原则，让他们知道应该着重处理哪些问题。我深信，如果孩子在6岁之前都得到了适当的照料，校方最好将重点放在纯粹的智力提升上，并以此为基础促成更可取品性的进一步发展。

让教学受到道德考量的影响，则无论对智力及最终对品性而言，都不是一件好事。不应认为某些知识有害，而某些愚昧有益。传授知识应出于智力发展的目的，而非为了证明某种道德或政治结论。从学生的角度来看，教学的目的部分是为了满足他的好奇心，部分是为了使之获得所需技能，以便他能自行使好奇心得到满足。从教师的角度来看，也必须激发某些能取得成效的好奇心。但绝不能挫伤好奇心，即使其方向完全超出学校课程范围。我的意思并不是说课程应该中断，而是应当将这种好奇心视为值得称赞的，并应告诉孩子如何在课余时间，通过诸如阅读图书馆的书籍等方式来满足它。

但说到这里，我会遇到一个从最开始就可能面对的质疑：要是一个男孩的好奇心是病态的或不正当的怎么办？（要是他对淫秽内容或酷刑描述感兴趣怎么办？要是他只热衷于窥探他人的行为怎么办？诸如此类的好奇心也该鼓励吗？）回答这个问题时，我们必须加以区分。最重要的是，我们不能让孩子的好奇心继续限于这些方面。但这并不意味着我们要让他因想了解这些事情而觉得自己邪恶，或者极力不让他接触相关知识。几乎在所有情况下，这些知识的全部吸引力都在于它是被禁止的；在某些情况下，它与某些需要治疗的病态心理状况有关。但不管是哪种情形，禁止和道德恐吓绝不是正确的处理方式。作为最常见和最重要的例子，让我们来谈一下对淫秽之事的好奇心。如果对孩子来说，性知识和任何其他知识并无不同，那么我相信不可能有这样的事。一个男孩要是弄到了一些不雅图片，会为自己获取图片的本事而得意，也会为自己比那些没胆量的同伴知道得多而沾沾自喜。如果他被坦诚且得体地告知所有有关性的知识，他就不会对这类图片感兴趣了。倘若尽管如此，一个男孩被发现还是有这样的兴趣，我会让擅长处理此类问题的医生来治疗他。治疗时，首先要鼓励他完全自由地表达哪怕最令人震惊的想法,接着提供大量更深层的信息,逐渐增加这些信息的技术性和科学性,直到整个事情使他厌烦到极点。当他觉得没什么可再了解的了,而且自己已知的东西也没什么意思时,他就痊愈了。关键在于,知识本身并非坏事,只是对某一特定话题的沉湎才不好。要想治愈执念,不能一上来就试图强行分散注意力,而是要提供大量乃至过载的相关内容。通过这种方式,兴趣就能从病态的转为科学的;一旦取得这一成果,该兴趣便能在其他兴趣中取得合理地位,不再是一种执念。我深信,这才是应对狭隘病态的好奇心的正确方式。禁止和道德恐吓只会让情况更糟。

尽管品性的完善不应成为教学的目的,但有些品质非常值得拥有,且对于成功获取知识至关重要,这些品质可称为理智美德。它们应源自智力教育,但它们的产生应该是作为学习知识的必要条件,其本身不应成为追求的目标。在我看来,其中最重要的品质有:好奇心、开放的心态、知识难求却可得的信念、耐心、勤奋、专注和精确。在这些品质中,好奇心是最基本的;只要好奇心强烈,并指向正确的目标,其他所有品质都会随之产生。但或许好奇心还不足以活跃到成为整个理智生活的基础。此外,还应当始终怀有迎难而上的信念;所学的知识应当在学生头脑中呈现为一种技能,就像游戏或体操中的技能一样。我想,这种技能必然有部分只是为完成学校布置的作业所需要;然而,如果能使学生感到这种技能对达到某些课外目标同样不可或缺,就已取得了某种非凡的成果。知识与生活脱节是令人遗憾的,尽管在学生时代并非完全可以避免。针对这种容易脱节的知识,应该跟学生偶尔谈谈这些知识的用途——

这里的"用途"应作最广义理解。尽管如此，我想还是应给纯粹的好奇心留下宽广的空间，否则许多最有价值的知识（例如理论数学）就永远不会被发现了。在我看来，有许多知识本身就很有价值，完全不用考虑其可能的用途。我不希望鼓励年轻人太过注重知识可能有的功用；非功利的好奇心乃是年轻人天然生就、非常宝贵的品质。只有在这种好奇心失效时，才应求助于诸如获得可在实践中展示的技能这类欲望。每种动机都有它的用武之地，互相排斥并不可取。

我知道，我一直在假设某些知识本身是可取的，而不仅仅是因为它的实用性。这一观点经常受到质疑。我看到奥谢教授说过①，在欧洲和东亚的学校里：

> 一个人除非积累了大量关于古代风物的知识，否则算不上受过教育，至少算不上有修养。但在我们国家，我们正迅速形成这样一种观点：修养并不取决于单纯对事实的掌握，无论这些事实是古老的还是现代的。有修养的人是这样的人，他拥有可以让他服务于社会的知识和技能，还拥有可以让他跟友人们相处融洽的行为习惯。② 如今在美国教师眼里，对于修养以及教育目标而言，个人生活中不能增益人际关系的知识都无价值。

当然，奥谢关于旧世界如何看待修养的说法是一种讽刺。

---

① O'Shea, p. 386.
② 我们是否可以推断，修养——就是随身携带小扁酒瓶（hip-flask）？按照这里的界定，似乎说得通。

第十四章 一般原则

没有人会认为仅仅了解事实就能获得修养。但可以论证的是，修养意味着某种在空间和时间上摆脱了狭隘主义（parochialism）的自由，这包括对卓越的尊重，即使这种卓越是在另一个国家或另一个时代发现的。我们很容易夸大自己的优越感，认为自己不仅比外国人也比前人优越；这使我们蔑视他们比我们出色的一切，也包括生活的整个审美方面。而且我要说，修养包含一种静观的能力，去思考或感受，而不是盲目莽撞地行动。因此，这使我在接受所谓的"实践"（dynamic）教育理论时有些犹豫，这种理论"要求学生实际地去践行（do）他们所学的东西"（前引书，第401页）。毋庸置疑，这种方法对幼儿是可行的，但如果不能运用更抽象、更理智的方法，教育便还不完整。"践行"星云假说或法国大革命要耗费很长时间，更别提还可能有上断头台的危险。[①] 一个受过充分教育的人，已经学会在必要时从抽象概念中提取意义，并把它们当作抽象概念来运用，只要这样做能服务于他的目的。一个数学家如果在他的换算中每一步都必须停下来理解其意义，那他就永远无法完成他的工作；他的方法的重要优点在于运用起来不用这么费力。因此，在高等教育中，那种实践方法似乎并不适用。我不禁想到，实践教学法之所以在美国大受欢迎，部分原因在于人们认为一切卓越皆在于行动，而非思考与感悟。我之前所引修养的定义就隐含这种观念，在机械时代，这种观念很

[①] 星云假说是由康德等于1755年提出的太阳系起源理论，认为太阳系由旋转的气体尘埃云（星云）在引力坍缩中形成，奠定了现代天体形成理论根基。法国大革命中被送上断头台的人有很多，包括法国国王路易十六与玛丽王后等。——译者注

自然，因为机器只能运作，没人指望它思考或感悟。但是，将人和机器相提并论，无论从形而上学①的角度如何看待，都不太可能给我们一个合理的价值标准。

只要对知识的渴望是真诚的，就一定会具备开放的心态（open-mindedness）这种品质。只有那种受其他欲望扰乱并自信真理在握的人，才会失去这种品质。这就是开放的心态在年轻时比在年长之后更为常见的原因。一个人的活动几乎必然与对某个理智上的疑难问题的判断密切相关。牧师不可能对神学漠不关心，士兵也不可能对战争无动于衷。律师必然认为罪犯应当受到惩罚——除非罪犯付得起大牌律师的费用。教师会支持与自己所受训练和经验所匹配的那种教育体系。一个政客很难不相信最有可能让他获得权位的那个党派的主义。一个人一旦选择了自己的职业，就不能指望他一直去思考是否其他选择可能会更好。因此，在成年人的生活中，开放的心态是有局限性的，尽管这种局限性应该越少越好。但在年轻时期，威廉·詹姆斯②所说的"强制选择"（forced options）要少得多，因此不大需要"信仰意志"（will to believe）。应该鼓励年轻人把每个问题都视为开放的，并能够通过辩论推翻任何观点。这种思想自由，并不意味着行动上也应该完全自由。一个男孩绝不能因受某个加勒比海③冒险故事的影响，就随意地跑到海里去。但

---

① 形而上学是哲学的一个分支，研究世界本质、存在原理等。——译者注

② 威廉·詹姆斯（William James，1842—1910），美国心理学家、哲学家，被誉为"美国心理学之父"。——译者注

③ 加勒比海，位于大西洋西部边缘的海域，以哥伦布航行（1492）为节点，成为欧洲殖民扩张的核心区域。——译者注

第十四章 一般原则

只要他还在受教育,就可以自由地认为当海盗比当教授好。

专注力(power of concentration)是一种非常宝贵的品质,除了通过教育,很少有人能够获得。的确,在很大程度上,随着孩子年龄的增长,这种能力会自然发展;很小的幼儿很少能对任何一件事专注思考超过几分钟,他们的注意力会逐年变得越来越稳定,直到成年。然而,如果不经过长期的智力教育,他们几乎不可能获得足够的专注力。完美的专注有三个特点:强烈、持久、自觉。阿基米德①的故事是强烈专注力的范例。据说当罗马人攻占叙拉古②城并来杀他时,他都浑然不觉,因为他正全神贯注于一道数学难题。能够长时间专注于同一件事,对于取得来之不易的成就,甚至对于理解任何复杂或深奥的问题,都是至关重要的。只要对某件事有自发的浓厚兴趣,自然会引发这种专注。大多数人都能长时间专注于机械谜题,但这本身并没有什么用处。要真正具有价值,这种专注力还必须受意志的控制。我的意思是说,即便某些知识本身无趣,只要动机足够充分,一个人也可以强迫自己去掌握它。我认为,高等教育赋予人的首先就是这种由意志所支配的注意力。在这个方面,旧式教育是值得称许的;现代的教育方法能否成功地教会一个人去自愿忍受枯燥乏味,对此我很怀疑。不过,如果现代教育实践中确实存在这种缺陷,也绝非无法弥补。这个问题我稍后再谈。

---

① 阿基米德(Archimedes,前287—前212),古希腊数学家、物理学家,提出浮力原理、杠杆原理等。——译者注

② 叙拉古,古希腊时期的重要城邦之一,也是阿基米德等众多科学家、哲学家的故乡,对西方文明的发展产生了重要影响。——译者注

耐心（patience）和勤奋（industry）应该是良好教育的成果。过去人们认为，在多数情况下，只有通过外力强制，形成良好习惯后，才可能获得这两种品质。毋庸置疑，这种方法有一定成效，正如驯马时可以看到的那样。但我认为，更好的办法是激发克服困难所需的勇气，这可以通过对困难进行分级，以便一开始就可以轻松地获得成功的喜悦。这样，人们就会体验到坚持不懈的回报，并逐渐增强所需的恒心。相同的说法也完全适用于知识难求却可得的信念，引导学生去解决一系列精心分级的问题，是培养这一信念的最佳方式。

精确（exactness），与对注意力的自觉控制一样，大概也是教育改革者容易忽视的一种品质。巴拉德博士（前引书，第 16 章）明确指出，我们的小学虽然在大多数方面都有了很大的改进，就这方面而言却不如过去做得好。他说：

> 上个世纪（按：19 世纪）80 年代和 90 年代初，在年度考核中，学生都需要接受大量的测验，并将这些测验成绩列表上报，作为拨款的依据。① 如果今天对同龄的学生进行同样的测验，显而易见，成绩肯定明显且持续地变差。不管我们如何解释，事实是毋庸置疑的。总体而言，我们的学校，至少我们的小学所做的工作不如四分之一世纪以前精确。

巴拉德博士对这个问题的论述非常精彩，我几乎没什么可补充

---

① 那时的英国政府只负担学校的部分费用，该部分被称为"拨款"，它取决于学生在考核中的成绩。

的。不过，我还是要引用他的结语：

> 在进行了种种演绎之后，它（即精确）仍然是一种崇高且鼓舞人心的理想。它是理智所遵循的道德准则：它指明了在追求自己的正当理想时所应致力的方向。因为我们在思想、语言和行为上的精确性，大致能衡量我们对真理的忠诚程度。

现代教育方法的倡导者所面临的难题是，迄今所教导的精确往往会带来枯燥感，而如果能让教育变得有趣，那将是巨大的进步。然而，这里我们必须有所区分。纯粹由教师强加的枯燥完全不可取，而学生为了实现某种抱负而自愿忍受的枯燥，只要不过度，就是可贵的。激发学生去追求那些不易实现的愿望——掌握微积分、阅读《荷马史诗》、拉好小提琴等等，应是教育的一部分。所有这些都有各自的精确性。为了获得某种梦寐以求的知识或技能，有能力的孩子会忍受无休止的枯燥乏味，心甘情愿地接受严苛的训练。那些天资稍逊的学生，如果能受到鼓舞人心的教导，往往也能被类似的抱负所激励。教育的驱动力应该是学生的求知欲，而不是教师的权威；但这并不意味着教育在每个阶段都应当轻松愉快。这尤其适用于与精确有关的问题。掌握精确的知识往往令人厌烦，但它对每一种卓越的成就而言都必不可少，而且通过合适的方法，可以让孩子明白这一事实。只要现代方法在这方面未能奏效，它们就是有缺陷的。在这个问题上，正如在许多其他问题上一样，对不良旧式教育的抵制已经导致了过度的宽松，这种宽松必须让位于一种新式教育；与旧式的崇尚外在权威的做法相比，新式教育更注重内在的和心理的因素。精确就是这种新式教育方法在理智上的表现。

有各种各样的精确，每一种都有其重要性。主要的几种有：肌肉的精确、审美的精确、事实的精确和逻辑的精确。每个孩子都能体会到肌肉精确在很多方面的重要性；一个健康的孩子用尽全部空闲时间学习对身体的控制，这就需要掌握肌肉的精确，而后他在那些关乎声望的游戏中也需要肌肉精确。但是精确还有其他形式，与学校教育关系更为密切，如清晰的表达、工整的书写以及乐器演奏的正确性。孩子会根据他所处的环境判定这些东西重要或不重要。审美精确很难定义；它与引发情感的合理刺激的适宜性有关。培养一种重要形式的审美精确的方法，是让孩子通过背诵来学习诗歌，例如为了表演而背诵莎士比亚的作品，并让他们在犯错时体会到原作为何更佳。我相信，凡是美感普遍存在之处，人们会教孩子一些传统的程式化表演，如唱歌和跳舞，这是孩子所乐于从事的，但必须按照传统来进行完全正确的表演。这使他们对微小的差异非常敏感，而这对精确至关重要。在我看来，表演、唱歌和舞蹈是教授审美精确的最佳方法。绘画则略逊一筹，因为绘画容易依据对范本的忠实程度而非审美标准来评判。诚然，程式化的表演也要求对某种范式进行再现，但这种范式是出于审美动机而创造出来的；人们模仿它是因为它好，而非模仿是好的。

如果只追求事实的精确，会令人厌倦至极。记住英国历代帝王的年代，或者各郡及其首府的名称，曾是童年的一大恐惧。更好的做法是通过兴趣和重复来获得事实的精确。小时候我始

第十四章 一般原则

终记不住一长串海角的名字,但8岁那年,我几乎知道地铁的所有站点。如果给孩子们看一部展示轮船环绕海岸航行的电影,他们很快就会记住这些海角。我认为这些海角并不值得记住,但如果值得,那就应该这样教。所有的地理知识都应该在电影院里教授,一开始时历史也应当如此教。初始费用固然很高,但对政府来说并非不可承受。况且令此后的教学变得简单易行,这也是一种节约。

逻辑的精确要在以后才能获得,不应强加于年幼的孩子。把乘法表背熟,当然属于事实的精确;到非常靠后的阶段,它才变成逻辑的精确。数学是这方面教育的天然载体,但如果让它显得只是一套任意的规则,那就失败了。规则必须记住,但在某个阶段必须把规则背后的原因讲清楚;如果不这样做,数学就几乎没有教育价值。

现在我要谈一个在论及精确时已经出现的问题,即欲使所有教学都变得有趣,究竟有多大可能或必要。旧观念认为,教学大多必定是乏味的,只有严厉的权威才能促使普通的男孩坚持下去。(普通女孩则该继续无知下去。)现代的观念则认为,教学可以是充满快乐的。我赞同现代观念远甚于旧观念;然而,我认为现代观念有一些局限性,特别是在高等教育方面。我将首先讨论现代教育观念中我认为正确的部分。

现代的幼儿心理学家都强调不催促幼儿进食或睡眠的重要性:这些事情应该由孩子自发完成,而不是哄骗或强迫的结果。我的亲身经历完全印证了这种教育方法。起初,我们不知道新的教育方法,于是尝试了旧的方法。旧方法彻底失败,现代的教育方法则十分奏效。然而,绝不能就此认为现代父母对孩子的饮食和睡眠可以放任不管；恰恰相反，他们应尽其所能，促进孩子良好习惯的形成。吃饭是定时的，在进餐时间，孩子无论吃与不吃，都必须坐着，不许玩耍。要按照规定时间就寝，到时间了孩子就必须到床上躺下。他可以搂着一个玩具动物睡觉，但不能是会吱吱叫、会跑或会使人兴奋的玩具。如果那个玩具动物是孩子的最爱，可以玩这样的游戏：这个动物累了，孩子必须哄它睡觉。然后让孩子独自待着，通常孩子很快就会入睡。但千万不要让孩子觉得你急着让他睡觉或吃东西。这会立刻让他觉得你在求他帮忙；这会给他一种权力感，导致他更加需要诱哄或惩罚。他吃饭睡觉应该是因为自己想这么做，而不是为了博取你的欢心。

这种心理显然在很大程度上也适用于教学。如果你执意要教孩子，他就会得出结论：你在要他做某种他讨厌的事情来取悦你，从而产生抵触心理。如果一开始就有这种抵触心理，就会一直持续；到了稍大些的时候，孩子通过考试的愿望可能会变明显，为了这个目的孩子会学习，但并非出于对知识纯粹的兴趣。相反，如果你能首先激发孩子的求知欲，然后作为一种恩赐，给予他想要的知识，整个情况就大不一样了。所需的外在约束会少得多，让孩子保持注意力也不难了。要成功运用这种方法，需要具备一些条件，而蒙台梭利女士正是成功地在幼童中创造了这些条件。任务必须有吸引力，而且不能太难。起初，必须有其他处于稍高阶段的孩子来作示范。同时，孩子此刻不能受其他明显更有趣的事情的影响。可供孩子做的事有很多，他可以选择任何自己喜欢的事，并自行完成。在这种情况下，几乎所有的孩子都非常快乐，他们在 5 岁之前就能毫无压

第十四章 一般原则

力地学会读写。

类似方法在多大程度上能有益地应用于年龄较大的孩子,这是一个有争议的问题。随着孩子长大,他们会对更长远的动机作出反应,不再需要每个细节本身都有趣。但我认为,这一总体原则适用于任何年龄:教育的动力应该来源于学生。环境应能激发这种动力,让学习成为避免无聊和孤立的替代选择。但如果孩子在任何时候都宁愿选择无聊和孤立,也应被允许这么做。单独活动的原则可以延续,虽然在幼儿期过后,一定量的班级活动似乎不可或缺。

但若必须通过外在权威来让孩子学习,那么除非有医学上的缘由,差错大概出在教师身上,或者先前的道德教育是糟糕的。如果一个孩子在5岁或6岁之前得到了良好的培养,任何称职的教师都应当能够在稍后阶段引起他对学习的兴趣。

如果能够做到这一点,益处极大。教师将成为学生的朋友,而不是敌人。孩子会学得更快,因为他跟教师配合默契。他学习时也不怎么会疲倦,因为不需要不断地把充满抵触和厌烦的注意力拉回来。他的个人主动性也得到了培养,而不是削弱。鉴于这些优点,似乎值得假定,学生不需要教师的强迫,就能被自己的愿望所引导去学习。倘若这种方法在少数场合被发现无效,那么可将有关学生隔离开来,采用别的方法施教。但我相信,上述方法适用于孩子的智力教育,失败的情况会极少出现。

基于前文讨论精确性时给出的理由,我认为,真正全面深入的教育不可能自始至终都趣味盎然。无论人们对某一学科的求知欲多么强烈,其中某些部分肯定会让人觉得枯燥。但我相信，只要给予适当的指导，就能让孩子认识到学习这些枯燥部分的重要性，并且不用受到强迫也能学完这些部分。我认为应该根据学生完成既定任务的好坏进行赏罚，以称赞或者责备为激励方式。学生是否具备必要的技能，应该像在游戏或体操中那样一目了然。教师应明确指出学科中枯燥部分的重要性。如果所有这些方法都不奏效，就必须把孩子归入愚钝一类，把他与智力正常的孩子分开教学，不过要注意，别让这看起来像是一种惩罚。

除了极少数情况外，即便是孩子还很小（譬如说4岁以后），也不应该由父母来充当教师。教学是一项需要特殊技能的工作，这种技能是可以学会的，但大多数家长没有机会去学习。孩子年龄越小，对教学技能的要求就越高。除此之外，在正式教育开始之前，父母与孩子经常接触，所以孩子对父母已养成一套习惯，持有种种期望，而这些对教师是不太合适的。此外，家长很可能对孩子的进步过于渴望和关心。孩子聪明，父母就会欣喜若狂；孩子鲁钝，父母又会恼怒不已。父母不能教自己孩子的原因，与医生不能给自己的家人看病是一样的。当然，我并不是说父母不应该给予孩子自然而然的教导；我只是说，他们通常不是教授学校正式课程的最佳人选，即便他们完全有资格教别人家的孩子。

在孩子的整个教育期间，自始至终都应该有一种理智上的冒险意识。这个世界充满了扑朔迷离的事物，惟有通过切实的努力才能领悟。弄明白原本费解之事的那种感觉是令人兴奋和愉悦的，每一位优秀的教师都应当能够给予学生这种体验。蒙台梭利女士描述过她的学生们学会写字时的那种喜

第十四章 一般原则

悦；我还记得自己第一次读到牛顿从万有引力定律推导出开普勒第二定律[①]时，那种近乎陶醉的感觉。很少有像这样纯粹和有益的喜悦。主动性和独立学习能使学生获得发现的机会，能让学生更经常、更强烈地感受到精神上的冒险，这比在课堂上传授一切知识要好得多。只要有可能，就让学生主动求知，而非被动受教。这是使教育成为一桩乐事而非一种折磨的秘诀之一。

---

① 开普勒（Johannes Kepler，1571—1630），德国天文学家，提出行星运动三定律。其中第二定律是指相等时间内，行星与恒星的连线扫过的面积相等。——译者注

第十五章　14岁前的学校课程

学校应该教什么？应该如何教？这是两个密切相关的问题，因为如果能设计出更好的教学方法，学生就能学到更多。尤其是，如果学生愿意学习，他们学到的东西会比把学习当作苦差事时多得多。关于教学方法，我已经说过一些，在以后的章节中我还会进一步讨论。目前，我假定所能想到的最好的教学方法已付诸实践，而只考虑应当教什么。

当我们思考一个成年人所应知的事物时，很快就会意识到：有些东西应人人皆知，有些东西则只要有部分人知道即可，其他人无须了解。有些人必须懂医学，但对大多数人来说，掌握基本的生理学和卫生学知识就足够了。有些人必须精通高等数学，但对于那些不喜欢数学的人来说，掌握基本的数学知识就足够了。有些人要掌握演奏长号的技巧，但所幸并非每个学生都必须练习这种乐器。总的来说，在孩子14岁前学校所教的东西，应该是每个人都应该知道的知识；除特殊情况外，专业化教育应该在此之后进行。不过，发现孩子的特长应该是14岁前教育的目标之一，这样孩子的特长就可以在随后得到精心培养。基于这一理由，要求每个学生都学习各科的基础知识是恰当的，

第十五章 14岁前的学校课程

那些不擅长某门学科的人,此后可以不必继续深入学习。

在确定了每个成年人应当具备什么知识之后,我们必须决定教授各个学科的顺序;在这里,我们自然会以各学科的相对难度作为考量,先教授最容易的学科。在很大程度上,这两项原则决定了小学时的课程。

我假定,在孩子5岁时,他就懂得如何读写了。这是蒙台梭利学校能办到的事情,也是任何今后建立的更完善的幼儿园能办到的。在幼儿园,孩子还获得了有一定精确度的感官知觉,具备了绘画、唱歌和跳舞的基础技能,以及跟许多孩子在一起时依然专注于某项教育活动的能力。当然,孩子5岁时在这些方面还不会很完美,在接下来的几年里,他们在所有这些方面都还需要进一步教导。我认为在7岁之前,不应让孩子从事任何需要付出巨大脑力的活动,但通过足够的教学技巧,困难可以大大减少。算术曾是童年时代的噩梦——我记得自己曾因学不会乘法表而痛哭流涕——但如果循序渐进、认真细致地去教,比方说利用蒙台梭利教具,孩子就不会因为算数太难懂而灰心丧气。然而,若要获得充分的技能,最终还是要掌握大量相当枯燥的规则。算术是小学学校课程中最难融入趣味性的教学科目;然而,出于实用理由,达到一定程度的熟练实属必要。而且,算术能自然地导向精确:一道算术题的答案要么对,要么错,绝不可能是"有趣的"或"有启发性的"。这使得算术成为早期教育中一个重要的部分,这与它的实际用途无关。但是,算术的难点应仔细分级,各级之间梯度要小;每次用于学习算术的时间也不应太久。

我小时候,地理和历史是所有学科中教得最差的。我害怕上地理课,若说还能忍受历史课,那只是因为我一向爱好历史。其实这两门课都可以让年幼的孩子着迷。我儿子虽然从未上过课,他的地理知识却已经远比他的保姆丰富。他之所以能获得这些知识,是因为他喜欢火车和轮船,而在这一点上他和所有男孩一样。他想知道自己想象中的轮船要进行的旅程,当我告诉他前往中国的各段航程时,他会全神贯注地聆听。然后,如果他想要看图片,我会给他看沿途各个国家的图片。有时,他坚持要拿出大地图册,在地图上查找路线。他每年两次乘火车从伦敦到康沃尔[①],这段旅程让他兴致盎然,他知道火车停靠或摘挂车厢的所有车站。北极和南极让他着迷,而没有东极和西极则让他困惑。他知道法国、西班牙和美国在大海彼岸的哪个方向,对这些国家的风土人情也颇为了解。这些知识并非来自教导,而是出于热切的好奇心。一旦跟旅行的概念联系起来,几乎每个孩子都会对地理产生兴趣。关于地理教学,我会主要用影片来展示旅行者的旅途所见,并配以图片和旅行者的故事。地理知识是有用的,但缺乏理智上的内在价值;不过,当地理知识通过图片变得生动可感时,它就具有了激发想象力的价值。知道有的国家气候炎热,有的国家气候寒冷,有的国家坦荡如砥,有的国家群山巍峨,知道有黑色人种、黄色人种、棕色人种、红色人种以及白色人种,都是很好的。这种知识有助于减少熟悉的环境对想象力的束缚,使人在日后能够"感到"遥远国度的真切存在。否则,除了旅行,很难有这种感受。基于这些原因,我要在幼儿教学中讲授大量的地理知

---

① 康沃尔(Cornwall)是英格兰西南端的一个郡,气候宜人,以渔村、海岸线风光闻名。——译者注

第十五章　14 岁前的学校课程

识,如果孩子对地理兴趣索然,我会感到震惊。随后,我要给孩子一些包含图片、地图和世界各地基本信息的书籍,还要让他们将介绍各国特色的短文集中在一起。

适用于地理的教授方法甚至更适用于历史,但孩子年龄稍长才能学习历史,因为儿童对时间的感觉在早先未发育成熟。我认为,从 5 岁左右开始学习历史是有好处的,一开始可以阅读配有丰富图片的名人趣事。我自己在那个年纪有一本配有插图的英格兰历史书。马蒂尔达皇后①在阿宾顿②踏着冰面渡过泰晤士河的情景给我留下了极为深刻的印象,以至我在 18 岁那年穿越泰晤士河时,仍感到战战兢兢,总觉得斯蒂芬国王就在我身后。我相信,几乎没有一个 5 岁的男孩会对亚历山大大帝③的生平不感兴趣。哥伦布的故事或许更多与地理有关而非历史;我能证明 2 岁的孩子就会对此感兴趣,至少知道大海的孩子会是这样。到孩子 6 岁时,他应该已经成熟到可以学习世界简史了,所用书籍大体上应该采用韦尔斯先生或房龙先生的那种写法④,作一些必要的简化,并配上图片,如果可能的

---

① 马蒂尔达皇后(Queen Matilda,1102—1167),英国国王亨利一世(Henry I)之女。亨利一世去世后,其外甥斯蒂芬(Stephen)为夺王位与马蒂尔达开战。——译者注

② 阿宾顿(Abiding)是英格兰牛津郡的一个历史悠久的城镇,位于泰晤士河畔。——译者注

③ 亚历山大大帝(Alexander,前 356—前 323)是马其顿帝国国王,以战功显赫著称于世,曾建立横跨欧、亚、非三大洲的帝国。——译者注

④ 指英国作家韦尔斯(H. G. Wells,1866—1946)的《世界史纲》和美国作家房龙(H. W. Van Loon,1882—1944)的《人类的故事》。二人的写作风格以通俗化、大众化、生动性为核心,注重用简洁易懂的语言和独特视角解读历史。——译者注

话，还可以用电影呈现。如果他住在伦敦，可以带他去自然历史博物馆看奇珍异兽；但在孩子年满 10 岁之前，我是不会带他去大英博物馆的。在教授历史的时候，必须小心，不要把我们感兴趣的方面强行灌输给孩子，直到孩子成熟到可以理解它们。最初能引起孩子兴趣的两个方面：其一是诸如从地质时期到历史时期，从野蛮人到文明人等的概观及进程；其二是富有同情心的英雄豪杰充满戏剧性情节的故事。但我认为，我们应当牢记一个指导性的理念，即进步是曲折渐进的，始终受到我们从兽性中继承而来的野蛮习性的阻碍，但又通过知识逐渐引领我们走向对自我和环境的掌控。这种观念将人类视为一个整体，同时与外部的混沌和内心的黑暗作斗争，那微弱的理性之光终将燃成燎原烈火，终结漫漫长夜。种族、国家和信仰之间的分歧应被视为愚蠢之举，它们在我们与混沌和黑暗的战斗中分散我们的精力，而这场战斗才是真正的人类活动。

我会先举例说明这个主题，之后，如果有必要的话，再阐述主题本身。我会展示野蛮人在寒风中瑟缩，啃食着地上的野果；我会展示火的发现及其影响，在这方面，普罗米修斯①的故事恰好合适；我会展示尼罗河流域农业的起源，以及绵羊、奶牛和狗的驯化；我会展示船舶从独木舟发展到万吨巨轮的历程，以及城市从洞穴居民的聚居地演变成伦敦和纽约这样的大都市的过程；我会展示文字和数字的逐渐发展；我还会展示古希腊短暂的辉煌、古罗马的气象万千，随后的黑暗时期，以及科学的兴起。所有这些内容，即使对于非常幼小的孩子，也可

---

① 普罗米修斯（Promethus）是希腊神话中不顾个人安危为人类盗取火种的英雄。——译者注

第十五章　14 岁前的学校课程

将细节讲得妙趣横生。我不会对战争、迫害和残暴保持缄默，但我不会对军事上的胜利者表示赞赏。在我对历史的教学中，真正的胜利者应当是那些为驱散内外黑暗作出贡献的人——如佛陀、苏格拉底、① 阿基米德、伽利略、牛顿，以及所有帮助我们掌控自身或自然界的人。所以，我要树立这样的观念：人类有崇高而壮丽的使命。当我们重蹈战争和其他原始愚行的覆辙时，我们就背叛了使命；只有当我们在增进人类的支配能力上为世界作出贡献时，才是忠于这一使命。

在校的头几年，应留出时间专供舞蹈之用，这对身体有好处，也是对审美的一种训练，还能给孩子带来极大的欢乐。集体舞应在掌握了基本动作之后再教，这是孩子们很容易理解的一种合作形式。对于唱歌，情况也大致相同，不过开始的时间应比跳舞稍晚一些，因为唱歌不像跳舞那样能带来运动乐趣，而且它的基础知识更难掌握。尽管也有例外，大多数孩子都会喜欢唱歌，在学完童谣后，他们应当学习真正优美的歌曲。没有理由先去败坏他们的品位，然后再试图使之高雅。这样做即便能成功，也会让人变得矫揉造作。孩子和成人一样，在音乐才能上差异巨大，因此，必须为年龄稍大一些且经过挑选的孩子，开设更有难度的唱歌课程。而且，对于他们来说，唱歌应当发乎自愿，而不是出于被迫。

文学教育是一件很容易出错的事情。无论大人还是孩子，对文学知识了如指掌，知道诗人的年代、作品的名称等等，是

---

① 佛陀（Buddha，约前 563—前 483）指释迦牟尼，佛教的创立者。苏格拉底（Socrates，前 469—前 399），古希腊哲学家、教育家，是西方思想和文化的奠基者。——译者注

百无一用的。任何能写进手册的内容都毫无价值。真正有价值的是对经典文学范本的熟读——这种熟读不仅能影响写作风格,还会影响思维方式。过去,《圣经》为英国孩子提供了这样的滋养,当然也对散文风格产生了有益的影响;但如今很少有孩子能熟读《圣经》了。我认为,若不背诵,就无法充分吸收文学的良好养分。过去人们提倡背诵是为了训练记忆力,但心理学家已经证明,这种作用微乎其微——如果不是完全无效的话。现代教育家越来越不看重背诵,但我认为他们错了,这并不是因为背诵对记忆力有何提升,而是因为它有美化口语和书面语的效果。作为思想的自然表达,言辞不应刻意求工;但在一个丧失了基本审美冲动的社会,为了做到这一点,必须培养一种思维习惯,这种习惯只有熟读优秀文学作品才能产生。这就是在我看来为何背诵是重要的。

然而,单纯记住比如"慈悲的品质"和"整个世界是一个舞台"之类的套话①,对大多数孩子来说,似乎既乏味又做作,因此达不到背诵的目的。背诵若与表演结合起来则要好得多,因为每个孩子都喜爱表演,这样一来背诵就成了表演的必要手段。3岁以后,孩子就喜欢扮演角色;他们能自发地扮演,但若教给他们更精巧的表演方法,他们会大喜过望。我还记得自己表演布鲁图斯和卡西乌斯争吵的一幕②时那种强烈的喜悦,当时我朗诵着:

---

① 两句都是莎士比亚的名言,前者出自《威尼斯商人》,后者出自《量罪记》。——译者注

② 布鲁图斯(Marcus Junius Brutus,前85—前42)和卡西乌斯(Gaius Cassius Longinus,前85—前42)都是古罗马政治家、共和派领袖,都因参与刺杀凯撒闻名。——译者注

第十五章 14 岁前的学校课程

> 我宁愿做条狗,向月亮狂吠,
> 也不愿做这样的罗马人。

参演《裘力斯·凯撒》(*Julius Caesar*)、《威尼斯商人》(*The Merchant of Venice*)或其他合适剧目的孩子,不仅能把握他们自己的角色,还会对其他大多数角色有所了解。剧情会让他们带着喜悦回味许久。毕竟,优秀的文学作品旨在给人带来愉悦,如果孩子们不能从中获得乐趣,那他们也很难从中受益。由此我认为,儿童早年的文学教学应限于学习角色扮演。此外,孩子可以自发地从学校图书馆借优秀的故事书来读。现在人们写给孩子看的读物充满愚蠢的煽情,这种怠慢是对孩子的冒犯。对比一下《鲁滨孙漂流记》的那种强烈的严肃性就知道了。无论是对待儿童还是其他事情,煽情都是缺乏设身处地的同情。没有哪个孩子觉得孩子气是件可爱的事;他总是希望尽快学会像大人那样行事。所以,儿童书籍绝不应以儿戏的方式表现一种迁就的乐趣。许多现代儿童读物中那种做作的愚蠢令人作呕。它们要么让孩子厌烦,要么会让他感到困惑,阻碍他们心智的成长。因此,最好的童书是那些虽然为成年人所写,但碰巧适合孩子的作品。那些为孩子而写但同时也令大人喜爱的书,譬如利尔①和刘易斯·卡罗尔的作品,只是一种例外。

如何学习现代语言是一个不易解决的问题。在童年时期,我们有可能学会流利地说一门现代语言,到后来就不可能做到了;因此,在孩子年幼时就教授语言是有充分理由的,如果条

---

① 利尔(Edward Lear, 1812—1888),英国幽默漫画家、诗人,其《荒诞书全集》深受儿童喜爱。——译者注

件允许的话。有人担心外语学得太早,会影响对母语的掌握。我不相信这种说法。托尔斯泰和屠格涅夫①虽然在儿时就学习英语、法语和德语,他们的俄文造诣仍旧很高。吉本②用法语写作与用英语一样自如,但这并未破坏他的英语文风。在整个18世纪,所有英国贵族年少时都必须学习法语,许多人还学习意大利语;但他们的英文水准远比他们的现代后裔好。如果一个孩子对不同的人说不同的语言,他们的戏剧本能就会阻止他们把一种语言和另一种语言混淆。我当年是同时学的英语和德语,直到10岁,我跟保姆和家庭教师说话都是用德语;后来我又学习法语,并跟家庭教师和私人教师说法语。这两种语言从未跟英语混淆,因为我有不同的谈话对象。我认为,如果要教一门现代语言,则应是以该语种为母语的人来教,这不仅是因为能教得更好,还因为孩子与外国人说外语,会比与使用同一种母语的同胞说外语更感自然。所以我认为每所学校都应有一名法国女教师,如果可能,也应有一名德国女教师,她们起初不应正式地用自己的语言教孩子,而应和孩子一起游戏,与他们交谈,并让游戏的胜负取决于他们对话语的理解和回答。她可以从"雅克兄弟"和"在亚维农的桥上"③开始,然后逐渐过渡到更复杂的游戏。以这样的方式学习语言,不用太费脑筋,又能享受到角色扮演的所有乐趣。另外,在这个时

---

① 屠格涅夫(Ivan Turgenev,1818—1883),俄国批判现实主义作家,代表作有《猎人笔记》等。——译者注

② 吉本(Edward Gibbon,1737—1794),英国历史学家,其著《罗马帝国衰亡史》在史学界影响深远。——译者注

③ 两者都是法国儿歌,这里当指与儿歌描述的场景相应的游戏。——译者注

第十五章　14 岁前的学校课程

期,学习语言效果会远优于以后的任何时期,并能节省宝贵的教育时间。

数学和科学的讲授只能到本章中所谈年龄段接近尾声时才开始,比如说在 12 岁。当然,我假定孩子已经学过算术,并且学生中间自然而然地流行谈论某些有趣话题,诸如天文和地理、史前动物、著名探险家等。但我现在指的是正式教学——几何和代数、物理和化学。有些孩子喜欢几何和代数,但绝大多数人不喜欢。这是否应该完全归咎于教学方法有误?对此我颇为怀疑。数学天赋就像音乐才能一样,主要是上天的恩赐,我相信这种天赋是相当罕见的,即使是中等程度的。不过,每个孩子都应该接触一下数学,以便发现那些数学天才。而且即便是那些学得很少的学生,也能通过对这一学科的了解而获益。通过好的教学方法,几乎人人都能理解几何原理。代数则不然;它比几何更抽象,那些思维无法从具体事物中抽离出来的人,根本无法理解它。如果教授得法,喜欢物理和化学的人也许会比喜欢数学的人多一些,尽管仍然只有少数年轻人对其感兴趣。12 岁到 14 岁间的数学和自然科学教学,应当都仅限于发现孩子是否具有相应的天分。当然,这一点并非一目了然。起初我讨厌代数,然而后来我却在这方面表现了一些才能。在有些事例中,孩子到了 14 岁仍难以确定是否有这方面的能力。这种情况下,试探性的方法还应持续一段时间。但是多数事例中,14 岁时就能作出判断。有些孩子明确地表示喜欢这些学科并且学得很好,另一些人则不喜欢且学得很差。聪明的学生不喜欢数学和自然科学,或不聪明的学生反而喜欢这些学科的现象都是极少发生的。

关于数学和科学的论述，同样适用于古典文学。12岁到14岁间，拉丁文教学应该只到这样的程度：足以表明哪些孩子对这门学科有兴趣并且有学习的天赋。我认为，到了14岁，教育应当根据学生的爱好和能力或多或少地开始变得专业化。在此之前的最后几年，应该用于弄清随后几年里要专攻哪一学科。

在整个小学期间，户外活动教育应继续进行。对于家境富裕的孩子，这可以由家长负责，但对于其他孩子来说，学校必须承担一部分责任。当我说到户外活动教育，并不是指游戏。游戏当然有其重要性，这一点已得到充分认可；但我所想到的是别的东西：对农业流程的了解、对动植物的熟悉、园艺技能、在乡村进行观察的习惯等等。我惊诧地发现，城里人很少看得懂指南针的方位，根本不知道太阳的运行轨迹，无法判断房屋哪一面不受风侵袭，而且普遍缺乏连牛羊都具备的知识。这是一直只生活在城市的结果。也许有人会觉得我胡思乱想，但我认为这就是工党不能在农村选区获胜的原因之一。但这确实是城里人与一切原始和基础的事物彻底脱节的原因。这与他们琐碎、肤浅、轻浮的生活态度有关——当然并非总是如此，但这种情况却很常见。季节与气候、播种与收获、庄稼与牲畜，都与人类有着重要关系，如果不想与大地母亲彻底脱节，每个人都应该亲近并熟悉这些事物。孩子们在户外活动中能够获得所有这些知识，而这些活动对健康大有裨益，单凭这一点就值得从事这些活动。城里孩子在乡下的快乐表明一种深切的需求得到了满足。只要这种需求得不到满足，我们的教育体系就是不完整的。

第十六章　最后的学年

我认为，15岁那年的暑假过后，想进行专业化学习的孩子就可以得偿所愿了，而大部分孩子都将是这种情况。但对于那些没有明确偏好的学生来说，延长其全面教育的时间会更好。如果孩子表现优异，专业化教育也不妨提前一点。教育上的一切规则均可因特殊原因而进行变通。但我认为，作为一般规则，智力高于平均水平的学生应在14岁左右开始专业化学习，而智力低于平均水平的学生通常完全不必在学校接受专业化教育，除非是职业培训。在这本书里，我没有对这一话题谈任何看法。但我认为，这种培训不应在14岁前开始，而且即使到了14岁，我也不认为职业培训应占去学生的全部在校时间。我不打算讨论它应该占用多少时间，或是让所有学生还是部分学生接受这种培训。这些问题所引出的经济和政治议题，与教育只是间接相关，且并非几句话所能讲清。因此，这里我只讨论14岁以后的学校教育。

我把学校课程分为三大类：（1）古典学科；（2）数学和自然科学；（3）现代人文科学。最后一类应包括现代语言、历史和文学。在每一分类当中，学生在毕业之前或许能进一步专业化,但这种专业化我认为不应早于 18 岁。学古典学科的学生必须学习拉丁文和希腊文,这是显而易见的;但有些人主攻前者,有些人侧重后者。数学与科学起初应一起学习,但在某些自然科学领域,即便数学水平不高也能取得卓越成就,事实上许多杰出的科学家数学并不怎么样。因此,到了 16 岁,应当允许孩子专攻自然科学或专攻数学,但未选中的那一门也不可完全忽略。现代人文科学也同理。

有几种学科具有极大的实用价值,所有人都必须学习。其中包括解剖学、生理学、卫生学,教授程度以满足成年人日常生活所需为宜。但或许这些科目应在更早阶段学习,因为它们与性教育自然相关,而性教育应尽可能在青春期前开展。反对过早开设这些课程的理由是,这些知识在被需要之前可能会被遗忘。我认为唯一的解决办法是分两次教授:先在青春期前简单地、提纲挈领地教一次,以后结合健康和疾病的基础知识再教一次。我认为每个学生还应该了解一些关于议会和宪法的知识,但必须注意防止这方面的教学沦为政治宣传。

比课程安排更重要的是关于教学方法和教学宗旨的问题。在这方面,主要的问题是既要使学习生动有趣,又不能过于简单。在进行精确而细致的研究时,应该辅以与所研究内容相关的概论书籍和讲座。在开始研究古希腊戏剧之前,应该让学生阅读吉尔伯特·默里[①]或其他具有诗歌天赋的译者的译本。数学教学形式应多样化,可以偶尔穿插关于数学发现史以及数学各分支对科学和日常生活的影响的讲座;并要暗示学生,在高

---

① 吉尔伯特·默里(George Gilbert Murry,1866—1957),英国古典学家,以古希腊文学与戏剧的翻译和研究闻名。——译者注

第十六章 最后的学年

等数学中有很多有趣的东西尚待发掘。同样,历史的详细学习应辅以精当的概述,即便其中包含了一些有争议的结论。教师可以告诉学生,这些结论也许是有问题的,鼓励他们去深入探讨,以便对那些结论加以肯定或否定。自然科学方面,可以看一些介绍最新科研概况的科普读物,以便对特殊事实和规律所服务的总体科学目标有所了解。所有这些对于促进严谨细致的研究都有益处,但若让它们取代了研究,则是有害的。绝不能让学生认为,求知有捷径可走。这是现代教育真实存在的危险,源自人们对旧式严苛训练的反动。旧式的严苛训练中涉及的脑力劳动是有益的,糟糕的是它扼杀了学生的求知兴趣。我们必须设法保证学生付出努力,但要用不同于过去那种惩戒性的方法。我不认为这不可能。在美国,人们发现那些在大学本科游手好闲的学生,在法学院或医学院[①]却开始勤奋学习,因为他们终于可以做他们认为重要的事情了。问题的关键在于:让功课在学生眼中变得重要,他们就会努力学习。但如果让学习变得太过容易,他们几乎凭直觉就能知道,你没有传授给他们真正有价值的东西。聪明的孩子喜欢用难题来挑战自己的头脑。如果教导得当并使他们免于恐惧,许多现在看来愚笨和懒散的孩子都会变得聪明起来。

在整个教育期间,应该尽可能地激发学生的主动性。蒙台梭利女士已经展示了如何在幼儿教育中做到这一点,但对于较大年龄的孩子,则需要采用不同的方法。我认为,进步的教育

[①] 美国大学的法学院与医学院均为研究生阶段专业学院,学生须先完成任意学科的四年制本科学位后方可申请,故本科阶段无直接对应的法学或医学本科专业。——译者注

家们普遍认识到：与通常做法相比，应该尽量增加个人自主学习时间，同时尽量减少上课时间，但是应该让孩子们在屋里一起进行自习。图书馆和实验室应该充足且宽敞。在校日应留出相当一部分时间，让学生进行自愿的自主学习，但学生应该记录自己学习的内容，其中包含所学信息的摘要。这有助于巩固记忆，让阅读有明确目的而不是散乱无章，也能让教师对学生进行有针对性的恰当的指导。学生越聪明，所需的指导就越少。对于那些不太聪明的学生，必须给予大量的指导；但即便是对他们，也应当以建议、询问和激励的方式，而非命令的方式。此外，还应当布置一些规定主题的写作任务，让学生练习获取有关特定主题的事实，并以条理清晰的方式呈现出来。

除了常规的学习，应当鼓励学生关注当前重要的有争议的政治、社会甚至神学问题；应鼓励他们了解这些争议中的各方观点，而不仅仅是正统一方的观点。如果他们中有人对某一方有强烈的共鸣，应告诉他们如何找出支持其观点的事实，并让他们与持相反观点的人进行辩论。以确认真理为目标进行的严肃辩论具有极大价值。在这样的辩论中，教师应当学会不偏袒任何一方，即便他或她有明确的主张。如果几乎所有学生都持同一种观点，教师就应当站在另一方，并说明这只是为了辩论。此外，教师的角色应仅限于纠正事实上的差错。通过这种方式，学生便能学会将讨论作为确证真理的手段，而不是舌灿莲花的竞赛。

如果我在一所学校中负责管理高年级学生，我会认为，回避时事热点，或借助热点进行宣传都不可取。使学生觉得他们所受的教育有助于他们处理社会热议的问题，这是件好事，会

第十六章　最后的学年

让他们感觉到学校的教学并非与现实世界脱节。但是我不会将自己的观点强加于学生。我会为他们树立用科学态度对待现实问题的典范。我期望他们拿出的论据是真正的论据，摆出的事实是确凿的事实。在政治领域，这种习惯极可贵，也极稀缺。所有狂热的政治党派都会编织出迷思一样的茧房，他们真正的教义在里面安然蛰伏。激情往往扼杀理智；反之，对知识分子来说，理智也往往扼杀激情。我的目标是同时避免这两种不幸。激情若不具有破坏性，就是可取的；同样，只要理智不造成破坏，它也是可取的。我希望基本的政治激情是建设性的，并且要努力使理智服务于这种激情。然而这种激情必须是真诚、客观的，而不能只是空想。当现实世界不够美好时，我们都倾向于在一个想象的世界中寻求庇护，在那里我们的愿望无需费力就能实现。这实质上是癔症，也是民族主义、神学及阶级神话的根源。它体现了现今世界中几乎普遍存在的人性弱点，与这种人性弱点斗争应成为后期学校教育的目标之一。有两种办法可以与之斗争，二者都必不可少，尽管在某种意义上它们彼此对立。一种办法是，增强我们对在现实世界中能够实现什么的认知；另一种办法是，让我们更清醒地认识到现实在破除我们幻想方面的作用。两者都包含在这一原则当中：要客观地，而不是主观地生活。

主观性的经典例子是堂吉诃德[①]。他第一次制作头盔时，测试了它抵御打击的能力，结果把它打得变形了；第二次他没

[①] 堂吉诃德（Don Quixote）是西班牙作家塞万提斯（Miguel de Cervantes，1547—1616）所著长篇小说《堂吉诃德》的主人公，其性格脱离实际，完全生活在幻想之中，因而到处碰壁。——译者注

有测试,而是"认定"它是一个非常好的头盔。这种"认定"的习惯支配了他的一生。然而,凡是拒绝面对不愉快事实的人,都属于同一类型;我们或多或少都是堂吉诃德。假如堂吉诃德在学校里被教导如何制作一个真正好的头盔,又假如他周围的人都拒绝"认定"他所愿意相信的事物,那么他就不会这么做了。生活在幻想中的习惯,在幼儿时期是正常且正当的,因为幼儿的无能并非病态的。但随着成人生活的到来,必须越来越清醒地认识到,梦想只有在迟早能够转化为现实的情况下才具有价值。男孩们善于揭穿其他男孩纯粹的个人臆想;在学校里,很难对自己相对于同学的影响力抱有幻想。但编造神话的能力在其他方面依然活跃,往往还得到教师们的配合。自己的学校是世界上最好的;自己的国家永远正确且永远胜利;自己所属的社会阶层(如果富有)比其他任何阶层都优越。所有这些都是不可取的神话。它们让我们"认定"自己有一个好头盔,而实际上别人的剑能将它劈成两半。由此,这些神话助长了怠惰,最终导致灾难。

要矫正这种心理习惯,就必须像许多其他情况一样,用对不幸的理性预见取代恐惧。恐惧使人不愿面对真正的危险。一个过于主观的人,如果在半夜被"着火了"的呼喊声惊醒,他可能会认定是邻居家失火,因为自家着火的事实太过恐怖;因此他可能错失逃生的时机。当然,这种情况只会在病态的事例中出现;但在政治上,类似的行为却是常态。在那些惟有通过思考才能发现正确解决途径的情形中,恐惧这种情绪都是灾难性的;所以,我们希望能够预见可能发生的不幸,而不心生恐惧,并运用我们的理智来避免那些并非不可避免的不幸。对

第十六章 最后的学年

于无可避免的不幸,则惟有以大无畏的精神去面对;但这不是我现在所要讨论的话题。

我不想重复在前面章节中关于恐惧的论述,我现在只关注理智领域内作为诚实思考之障碍的恐惧。在这一领域内,在年轻时克服恐惧远比在成年之后容易,因为成年人的生活是建立在某些假设之上的,相比之下,一个孩子因为改变观念而导致重大不幸的可能性更小。因此,如果我是教师,就会鼓励高年级的学生们养成在理智方面相互辩论的习惯,即使他们质疑我所认为的重要真理,我也不会在他们的道路上设置任何障碍。我要以教学生思考为目标,而不是教他们正统观念,或是异端邪说。我将绝不以牺牲理智来维护那种臆造的道德利益。人们普遍认为,传授美德需要灌输谎言。在政治上,我们掩盖本党杰出政治家的丑行。在宗教上,如果我们是天主教徒,就会隐瞒教皇的罪恶;如果我们是新教徒,就会隐瞒路德和加尔文①的罪恶。在性的问题上,我们在年轻人面前谎称贞操普遍存在,尽管事实上并非如此。在所有国家,甚至成年人也不被允许知道某些警方认为不适宜公开的事实。而在英国,审查官不允许戏剧反映真实生活,因为他们认为只有通过欺骗才能诱使民众向善。这种整体态度暗示着某种虚弱。无论真相如何,让我们去了解它;这样我们才能理性行事。掌权者要对被奴役者隐瞒真相,以便误导他们对自身利益的认知,这是可以理解的。让人难以理解的是,民主国家竟愿意主动制定法律来阻止

---

① 路德(Martin Luther,1483—1546)和加尔文(John Calvin,1509—1564)分别是16世纪欧洲宗教改革运动中新教主要教派路德派及加尔文派领袖。——译者注

民众了解真相。这是集体式的堂吉诃德主义：他们决意不让别人告知自己，头盔没有他们所愿相信的那样好。这种可悲的怯懦态度是自由的人所不应有的。在我的学校中，任何妨碍求知的障碍都不应存在。我将通过正确培养激情和本能来寻求美德，而非靠谎言和欺骗。在我所向往的美德中，无所畏惧、不受限制地追求知识是必不可少的要素；若没有它，其余的一切都毫无价值。

我要说的不过是：应该培养科学精神。在他们的专业领域之外，许多杰出的科学家并不具备这种精神，而我要努力使其无处不在。科学精神首先要求有探寻真理的愿望，这种愿望越强烈越好。此外它包含某些理智上的特性。必须先质疑，然后根据证据下判断。我们不能预先想象自己已经知道证据会证明什么。也不能满足于一种懒惰的怀疑主义，认为客观真理不可企及，所有证据都无法确定。我们应当承认，即便我们最确凿的信念或许也还需要一些修正；但就人力所能企及的而言，真理是有程度之分的。现在我们关于物理学的信念，与伽利略之前的时代相比，肯定错误更少。我们对于儿童心理学的看法肯定比阿诺德博士的更接近真理。在每个例子中，进步都是源于用观察取代先入之见和激情。正是为了抵达这一步，事先的质疑才如此重要。因此，必须教会学生懂得这一点，也要教他们整理证据所需的技能。在一个互相敌对的宣传家们不断向我们散布谎言，诱使我们用药片毒害自己或用毒气残害彼此的世界里，这种批判性的思维习惯尤为重要。容易轻信那些不断重复的论调，是现代世界的一大祸患，对此学校应全力防范。

在最后几学年，甚至更早，学生应该有一种理智上的冒险

第十六章 最后的学年

意识。学生在完成规定任务之后,应当有机会去独立发现令人兴奋的事物,因此规定的任务不应过重。只要值得表扬,就一定要表扬,虽然必须指出学生的错误,却不应指责他们。绝不能让学生因感到自己愚笨而羞耻。教育的最大激励是:让人感到有所成就是可能的。令学生厌烦的知识没有多大用处,他们热切吸收的知识将成为永久的财富。要让学生们洞察知识与实际生活的联系,并让他们了解怎样用知识来改造世界。让教师始终成为学生的朋友,而不是天敌。只要在人生早期受过良好训练,这些箴言足以使绝大部分孩子以求知为乐。

第十七章　走读学校和寄宿学校

一个孩子应该被送进寄宿学校还是走读学校,在我看来,必须根据具体环境和孩子的性格来决定。两种教育体制各有其优势;在某些情况下,一种体制的优势更大,而在另一些情况下,另一种体制的优势更明显。在本章中,我打算阐述我在决定自己孩子如何择校时会考虑到的论据,而且我认为,其他尽责的父母可能也会重视它们。

首先要考虑的是健康。不管现实中学校的实际情况如何,很明显学校在这方面能够比大多数家庭更科学和谨慎,因为学校可以聘请拥有最新知识的医生、牙医和生活教师,而忙碌的家长很可能相对缺乏医学知识。而且,学校可以设在有益健康的地区。对于生活在大城市里的人来说,单凭这一点就足以支持寄宿学校。对年轻人来说,大部分时间在乡下度过显然更为有益,因此,如果他们的父母必须居住在城里,那么这些父母最好将孩子送到乡下读书。这种论据或许不久就没有太大说服力了,比如,伦敦的卫生健康条件正在稳步改善,而且通过人工紫外线的使用,或许能使其达到乡村的卫生健康水平。然而,即使疾病能够降低到乡间水平,城市里仍会有巨大的精神压力。持续不断的噪声对儿童和成人都有害,美丽的田园风光、雨后的泥土清香、徐来的清风和闪烁的星子,都应当留在每个人的记忆里。因此,我认为,无论城市的卫生健康条件如何改善,一年中的大部分时间在乡村生活对年轻人来说仍将十分重要。

另一个支持寄宿学校的理由——尽管相对次要,是寄宿学校节省了往返的时间。大多数人住所附近都没有真正优质的走读学校,而往返需要的距离可能相当远。这个理由在乡村地区最为有力,就如同前面那个理由对城市居民最为有力一样。

当想要尝试任何教育方法的创新时,几乎不可避免地首先会在寄宿学校进行尝试,因为相信这种创新的家长不太可能都居住在一个小区域内。这一点不适用于幼儿,因为他们还不完全受教育部门的管辖;因此蒙台梭利女士和麦克米伦小姐才能够在非常贫困的孩子身上推行她们的实验。相反,在公认的学龄阶段,只有富人才能获准对他们的孩子进行教育实验。他们中的大多数自然更喜欢旧式的传统教育,少数想要尝试其他教育方式的人又住得分散,无论哪个地区都难于维持一所走读学校。像贝德尔斯那样的教育实验只有寄宿学校才有可能进行。[①]

然而,支持选择走读学校的论据也很充分。在学校里,生活的许多方面不曾展现出来;这是一个人造的世界,它的问题与外面世界的问题大不一样。一个只在假期返家的男孩,家人们都对他百般呵护,比起每天早晚都在家的男孩,他对生活的

[①] 贝德尔斯(Bedales)中学是英国著名的皇家学校,创办于1893年,该校因进行男女学生同校实验而出名。——译者注

了解可能会少得多。目前在这方面,女孩较少出现这种情况,因为许多家庭都要求女孩做更多家务;但随着女孩的教育逐渐与男孩趋同,她们的家庭生活将变得跟男孩相似,目前她们对家务事更为熟悉的优势将会消失。在 15 岁或 16 岁之后,让孩子适度分担父母的事务和忧虑,是有益的——当然分担不能太多,以免影响学业,但还是要分担一点,以免他们意识不到长辈们有自己的生活、自己的兴趣和自己的价值。在学校,惟有年轻人才重要,一切都是为他们而做。在假期,家里的氛围也往往由年轻人主导。因此,他们往往会变得傲慢、冷酷,对成年人生活的艰辛一无所知,与父母相当疏远。

这种状况容易对年轻人的情感产生不良影响。他们对父母的感情会变得淡漠,并且他们绝不会学着调整自己,去与那些爱好和追求与自己不同的人友好相处。我认为这会导致一种自私的完善(selfish completeness),即觉得自己的人格是独一无二的。家庭是纠正这种倾向最自然的场所,因为家庭是由不同年龄、不同性别且承担不同职责的人组成的一个单元;它是一个有机体,区别于同质个体的集合。父母之所以爱孩子,主要是因为他们为孩子操心费力;倘若父母对孩子不曾用心,孩子也就不会重视他们。但是父母付出的心血必须是合理的,即只在必要的程度上付出,不要影响他们自己要做的工作和要过的生活。尊重他人的权利是年轻人应该学会的事情之一,这在家庭中比在其他地方更容易学会。知道父亲可能会被烦忧困扰,母亲会因杂事缠身而心力交瘁,这对他们是有好处的。让孩子在青春期仍保持活跃的孝心也是有益的。一个缺乏家庭亲情的世界往往会变得冷酷而机械,其成员个个想专权逞威,一旦失

第十七章 走读学校和寄宿学校

败,又会摇尾乞怜。我担心送孩子去寄宿学校在一定程度上会产生这些不良影响,这些影响严重到足以抵消寄宿学校的诸多优势。

当然,正如现代心理学家所坚称的,父亲或母亲的过度影响是非常有害的。但我认为,如果像我建议的那样,孩子从2岁或3岁就去学校,这种过度影响不太可能存在。在我看来,孩子很小就上走读学校,能在父母支配一切和父母无所作为之间找到恰当的平衡。就刚才的一系列考虑而言,这似乎是最佳方案,前提是孩子有一个美满的家庭。

对于生性敏感的男孩来说,让他们完全置身于清一色的男孩圈子里,会有一定危险。12岁左右的男孩大多处于举止粗鲁、情感迟钝的阶段,最近,在一所著名的公学里,发生了一个男孩因为同情工党而被打成重伤的事件。那些观点和爱好与一般人不同的男孩,在这种环境里很可能会受到严重的伤害。布尔战争期间,即使在目前最现代、最进步的寄宿学校里,亲布尔人[①]的学生日子过得也很艰难。任何喜欢读书或不厌学的男孩,几乎肯定会受到恶劣对待。在法国,最聪明的男孩都去了高等师范学校,不再与普通学生混同一处。这个办法确实有好处。它能防止那些聪慧过人的孩子神经受损,以至沦为平庸之辈的马屁精,而这种情况在英国随处可见。它避免了不受欢迎的孩子原本必须承受的压力和痛苦,它还使得对那些较为聪明的男孩因材施教成为可能,相比针对资质普通孩子的教育,这种教育的进度要快得多。但另一方面,这种做法也会在以后

---

① 布尔人(Boers)是生活在南非的荷兰移民及其后裔。1899年至1902年间,他们发动武装起义,反对英国在南非的统治。——译者注

的生活中把知识精英和社会其他群体隔绝开来,也许会使他们更难理解普通人。尽管存在这种可能的弊端,但我认为总体而言,这比英国上层阶级的做法要好:他们会折磨所有具有非凡头脑或卓越德性的男孩,除非这些男孩碰巧也擅长娱乐。①

然而,男孩的桀骜并非不能挽救,事实上,他们的野性已比过去减少了许多。《汤姆·布朗的求学时代》描绘了一幅阴暗的画面,如果将其应用于我们当今的公学,可能有些夸大。倘若男孩们接受了前几章所说的那种早期训练,这种描绘就更加不适用了。我认为,男女同校——像贝德尔斯中学所表明的,这在寄宿学校中是可能的——也很可能会对男孩起到教化作用。我不太愿意承认两性之间存在天生的差异,但我认为女孩不像男孩那样会对异类施以暴力。不过,目前,如果一个男孩在智力、道德或敏感度方面超乎常人,或者在政治上不持保守观点、在神学上不持正统信仰,能让我放心地将他送去学习的寄宿学校,真是寥寥无几。对于这样的男孩,我坚信现有的面向富家子弟而设的学校教育体制是糟糕的。而几乎所有具有非凡才能的男孩都在此列。

在上述支持和反对寄宿学校的考虑因素中,只有两个因素是不可或缺和不可改变的,而这两个因素彼此对立。一方面有乡村、空气和空间之利;另一方面有家庭亲情及通过明了家庭责任而得到的教育。对于住在乡村的父母,支持寄宿学校的另一个理由是,附近不大可能有一所真正优质的走读学校。鉴于这些相互矛盾的因素,我认为无法得出任何普遍适用的结论。

---

① 赞成将有才能的孩子分离的论证,在奥谢第14章有很好的阐述。

第十七章　走读学校和寄宿学校

如果孩子身体强壮、精力充沛，健康方面的考虑就不必太在意，赞成寄宿学校的理由就少了一个。如果孩子对父母感情深挚，赞成走读学校的理由就少了一个，因为假期足以维系亲情，而住校则可能防止这种感情过度泛滥。一个天赋异禀且敏感的孩子最好不要去寄宿学校，在极端情况下甚至最好不要上学。当然，一所好学校胜过一个差家庭，一个好家庭胜过一所差学校。如果两者都不错，就得权衡它们的优点再作决定。

到目前为止，我都是从富裕家长的角度来写的，个人选择对他们是可能的。如果从社会的角度出发，从政治上考虑这一问题，就要涉及其他因素。一方面是寄宿学校的费用，另一方面，如果孩子不在家住，住房问题就会好解决一些。我坚定地认为，除了极少数情况外，每个人都应当接受学校教育直到18岁，专门的职业培训只能在18岁之后再开始。尽管关于我们当前的话题，正反两方面都有很多可说的，但在未来很长一段时间里，经济因素将决定大多数工薪阶层子女的选择，使他们更倾向于走读学校。既然没有明确的理由认为这个决定是错误的，那么我们就不妨接受它，尽管并不是出于教育方面的理由。

第十八章　大学

在前面各章，我们探讨了在一个良好的社会制度下，所有人都应接受的品格与知识教育，事实上，除了诸如拥有音乐天赋这类特殊原因（如果莫扎特被迫学习普通学校课程直至18岁，那将是不幸的），每个人都理应享有这种教育。但即便在一个理想的社会中，我认为也会有很多人不去上大学。我确信，目前只有少数人能够从延长至21岁或22岁的学校教育中获益。显然，当下充斥于老牌大学中的那些游手好闲的富人子弟，往往从大学教育中一无所获，不过养成些放荡的习惯罢了。因此，我们必须追问，究竟依据什么原则来挑选那些应当上大学的人。目前，能上大学的主要是那些其家长有经济能力的人，不过这种选择标准正越来越多地受到奖学金制度的修正。显然，选择的标准应是教育上的，而非经济上的。一个年满18岁且受过良好教育的男女青年，已有能力从事有益的工作。倘若他们再被豁免3年到4年才工作，社会有权期望这段时间能被有效地利用。但是，在决定谁该上大学之前，我们必须对大学在社会生活中的功用有所了解。

英国的大学已经历了三个阶段，然而第二阶段尚未完全被

第十八章 大学

第三阶段所取代。最初，它们是神职人员的培训学院，在中世纪，学问几乎完全为神职人员所垄断。后来随着文艺复兴运动，凡是富人都应接受教育的观念深入人心，尽管女性仍被认为无须接受男性那样多的教育。从17世纪直到19世纪，英国大学提供"绅士教育"，牛津大学至今仍在提供此类教育。鉴于我们在第一章中讨论过的原因，这种曾经非常有用的教育理想现在已经过时了；它依赖贵族政治，在民主政治或工业财阀政治下无法发扬光大。倘若实行贵族政治，最好是由受过"绅士教育"人去执政；但不实行贵族政治更好。我无须对此进行争论，因为在英国，它已由《改革法案》的通过和《谷物法》①的废除而解决，在美国，则由独立战争解决。诚然，在英国我们还保存着贵族政治的形式，但其精神已经是财阀政治，两者截然不同。附庸风雅的心态驱使那些成功的商人把他们的孩子送进牛津大学，以期成为"绅士"，结果却使他们的子女厌恶经商，以致陷入相对贫困，不得不为生计奔波。所以，"绅士教育"已经不再是英国人生活的重要部分，在考虑未来的教育时，可以忽略不计。

由此，大学正在回归类似于它们在中世纪所占据的地位，它们正在成为职业学校。律师、牧师和医生通常都受过大学教育，高级公务员也是如此。越来越多的工程师和各行各业的技术人员中，有大学文凭者的数量也在增长。随着世界变得越发复杂，工业变得越发科学化，专业人员的需求量正在不断增

---

① 《改革法案》（Reform Bill）于1832年通过，改变了英国下议院由保守派独占的局面。《谷物法》（Corn Laws）则是1815年通过的一项实施进口关税的法案。——译者注

长,而这些人才主要由大学提供。老派人士哀叹技术学校入侵了纯学术的领域,但这种入侵仍在继续,毫无退缩的迹象,因为这正是那些视"文化"为草芥的财阀们所要求的。相比崇尚民主的反叛者,这些财阀才是纯粹学术的对头。像"为艺术而艺术"一样,"无用"的学术是贵族式的理想,而非财阀式的理想;如果说这种学术还在苟延残喘,是因为文艺复兴的传统尚未衰亡。我非常痛惜这种理想的衰落;纯粹学术是与贵族制相关的最好的事物之一,但贵族制的弊端如此严重,以至于轻易就覆盖了这一优点。总之,工业主义必然要消灭贵族制,无论我们愿意与否。因此,我们不如痛下决心,尽可能地将它与新的、更有活力的观念结合起来加以挽救;若一味地恪守传统,我们绝无胜算。

纯粹学术如果想作为大学的目标之一而存续,就必须与整个社会生活建立联系,不能仅与少数有闲绅士的雅好相关。我认为非功利的学术至关重要,并希望看到它在大学生活中的地位得到加强,而不是日趋削弱。在英国和美国,导致纯粹学术地位不断降低的主要力量,是那种想从无知的富豪那里获取捐款的愿望。解决之道在于建立一个有教养的民主政体,愿意将公共资金用于那些我们的工业巨头们无法理解的事物上。这绝非不可能,但需要知识水平的普遍提升。如果我们的学者们能更多摆脱那种依附富人的心态,这将大有帮助。之前,保护人的赞助是学者的自然生计来源,这种心态就由此继承而来。当然,学术与学者很可能被混为一谈。举个纯属虚构的例子:一位学者可能通过教授酿造技术而非有机化学来改善经济状况;他得到了好处,学术却遭受了损失。这位学者倘若对学术有更

第十八章 大学

真切的热爱,在政治立场上,他就不会与那个出资设立酿造学教授职位的酿酒商站在一起。如果他支持民主政体,民主政体将更乐于看到他学问的价值。基于所有这些原因,我希望看到学术团体都能依靠公共资金而非富人的捐赠。这种流弊在美国比在英国更严重,但在英国也存在,并有攀升之势。

撇开这些政治因素不谈,我认为大学的存在有两个目的:一方面,为某些职业培养人才,另一方面追求与直接效用无关的学术研究。所以,我们希望在大学看到两种人,一种是那些有志于从事相关职业的人,另一种是拥有特殊才能、在学术研究中能有所建树的人。不过,仅仅这些还无法决定我们如何为各行各业选取人才。

目前,除非父母有一定财力,否则很难从事法律或医学之类的职业,因为学费昂贵,而且收入并非立竿见影。其结果是,选拔人才的标准是群体的和世袭的,而非是否适合从事该工作。以医学为例。一个希望有效开展医疗工作的社会,会挑选那些对医学工作表现出最大热情和天赋的年轻人接受医学培训。但在目前,这条原则只能部分适用,即在那些能够承担培训费用的人当中进行选拔;但很有可能,许多最有潜力成为优秀医生的人却因家境贫寒而无法接受培训。这种对人才的浪费令人叹息。再举一个不同类型的例子。英国是人口十分稠密的国家,大部分食物需要进口。从多个角度看,尤其是在战争安全方面,如果能增加粮食自给,将大有好处。然而,我们却没有采取任何措施,以确保我们极为有限的土地得到有效耕种。农民主要通过世袭来选定:一般来说,他们就是农民的儿子。还有一些买下农场的人,这意味着他们有资本,但不一定有任何农业技能。众所周知，丹麦的农业技术比我们更高产，但我们却没有采取任何措施让农民掌握这些技术。我们应该坚持，凡是获准耕作较大面积土地的人，必须有科学农业方面的证书，就像我们要求司机必须有驾照一样。世袭原则在政治上已经废除，但在生活的许多其他领域仍广泛残留。无论在哪里，世袭原则都会导致效率低下，以前的公共事务就受制于它。我们必须用两条密切相关的规则取代世袭原则：其一，凡未掌握必要技能者不得从事重要工作；其二，这种技能应传授给那些最有能力且有志于此的人，而与家庭贫富无关。显然，这两条规则将极大地提高效率。

因此，大学教育应被视为有特殊才能者的特权，那些具备才能但缺乏财力的人应当由公共资金助其求学。只有通过能力测试的人才应被录取；未能有效利用上学时间而成绩不合格者，不应容许其继续留校学习。把大学看作是富家子弟晃荡三四年的休闲场所的观念正在消失，但是，就像查理二世①的死一样，新观念要彻底确立，还需要漫长的时间。

当我说大学里的年轻人不许懈怠时，必须赶紧加上一条：对学业的测试绝不能机械地遵循某种制度。英国和美国那些新建的大学有一种令人遗憾的倾向，即要求学生去听无数的讲座。就蒙台梭利学校中的幼儿来说，尚且有充分的理由支持他们独立活动，对于20岁的年轻人来说，这种理由就更充分了，尤其是当我们假定，他们具有蓬勃的热情和出众的才干时。我读本科时，我和大多数朋友都认为那些讲座纯粹是浪费时间。

---

① 此处当指法国国王查理二世（Charles II, 823—877），他死后，法国的王位继承经历过一段动荡时期。——译者注

第十八章 大学

当然，我们有些夸大其词，但也没夸大多少。开办讲座的真正原因在于，它们是"面子工程"（obvious work），所以商人们愿意为此买单。如果大学教师采用最好的教学方法，商人们就会认为他们无所事事，并要求削减教职员工。牛津大学和剑桥大学由于其声望，在某种程度上还能够采用正确的方法；但英国那些新建的大学却无法与捐款的商人对抗，多数美国大学也是如此。在学期开始时，教师应该开列一个需要精读的书籍清单，并简要介绍其他一些可能有人喜欢、有人不喜欢的书目。教师应该设计试卷，学生只有在机敏地领会书中的要点之后才能答出这些试卷。当学生考完试，教师应该单独与他们交流。大约每周或每两周，他应当抽出一个晚上，和那些希望见他的学生会面，随意聊聊与他们的学业相关的事宜。所有这些做法与老牌大学的做法都差不多。如果学生选择给自己出一份与教师的不同但难度相当的试卷，那他应有这样做的自由。通过学生自己出的试卷，可以判断他们的勤奋程度。

不过，有一点非常重要。每一位大学教师都应该有自己的研究，并且要有足够的闲暇时间和精力去了解本学科在世界各国的最新研究动态。在大学教学中，教学技巧已不再重要；重要的是对所教学科知识的掌握以及对科研动态的敏锐感知。因教学而过度劳累、精疲力竭的人，是不可能做到这些的。他可能会对所教的学科感到厌倦，而且他的知识几乎肯定会局限于年轻时所学的内容。每一位大学教师都应当有一个学术休假年（每七年一次），用于到国外的大学访学，或以其他方式了解国外的研究进展。这在美国很常见，但欧洲国家在知识上过于自负，不愿承认这是必要的。在这一点上，他们错得离谱。我在剑桥大学的数学教师们，几乎完全没有接触过此前二三十年欧洲大陆的数学研究成果；在我整个本科期间，从未听说过魏尔斯特拉斯①其人。等到后来出国旅行，我才开始和现代数学家有所接触。这种情况并不罕见或特殊。可以说，不同时期的很多大学都有类似的情况。

在大学里，重视教学的人与重视研究的人存在某种对立。这几乎可完全归咎于两个原因：一是错误的教学观念，二是存在众多勤勉水平与能力均低于留校标准的学生。旧式教师的观念仍在某种程度上存留于大学里。这种教师企图对学生施加好的道德影响，还希望向他们灌输一些过时且无用的知识，这些知识大多已被发现是错误的，却又被认为具有道德提升作用。学生不应该受到督促才去学习，但如果发现他们在浪费时间，无论是由于懒惰还是能力不足，就不应让他们继续留校。唯一能从强制性要求中获益的品德是努力的品德，其余品德都是在人生早期培养的。要逼迫学生具有努力的品德，那些不具有这种品德的人，应该让他们离开，因为显然他们最好去做其他事情。不应该要求一个教师长时间地忙于教学，他应有充裕的闲暇进行研究；但也应要求他能合理地利用这种闲暇。

如果考察大学在人类生活中的功能，就会发现研究至少和教育同等重要。新知识是进步的主要原因，没有它，世界很快就会停步不前。通过传播和更广泛地运用现有知识，世界暂时也能继续进步，但这种进步仅靠其自身难以持久。甚至对知识的追求也无法自我维持，如果这种追求是功利性的。通过非功

---

① 魏尔斯特拉斯（Weierstrass, 1815—1897），德国数学家，现代函数论的创立者之一。——译者注

第十八章 大学

利的研究,功利性知识才能结出累累硕果,这种研究除了更好地理解世界之外,别无他求。所有伟大的进步,起初都纯粹是理论性的,只是后来才发现其能够得到实际应用。即便某个非凡的理论从无任何实际用途,其本身自足的价值仍可闪耀;因为对世界的理解是终极善之一。如果有朝一日,科学和组织成功满足了各种身体需求,并消灭了残忍和战争,届时,对知识和美的追求仍会激发我们对发奋创造的热爱。我不希望一个诗人、画家、作曲家或数学家,沉湎于想象他的活动在实践领域的某种杳远的影响。毋宁说,他应该致力于追求一种想象,抓住那最初只是灵光乍现般瞥见的东西,并恒久记取于心,他对这种想象的爱,是如此炽烈,以至于尘世所能给的一切欢乐,相较之下都黯然失色。所有伟大的艺术和科学,都源于这种将最初那缥缈的幻象具体化的热望,那种夺人心魄的美诱使人们抛弃安全和舒适,去承受一种壮丽的痛苦。怀有这种激情的人,绝不能被功利主义哲学的枷锁所束缚,因为一切使人类伟大的事物,皆肇始于这种激情。

第十九章 结论

在旅程的终点，让我们回顾一下走过的路，以便鸟瞰这片我们曾穿行之域。

教育者需要的，以及学生应当获取的，都是由爱所引导的知识。在早年，教师对学生的爱是最重要的；到后来，对所传授知识的热爱则愈发必要。最初的重要知识是生理学、卫生学和心理学知识，其中，心理学知识对教师尤为重要。孩子生来所具有的本能和反射，会受环境影响发展成千差万别的习惯，进而形成各种各样的品性。这些大都发生在婴幼儿时期，因此，这是我们培养儿童品性最为理想的时期。那些与现存之恶和平共处的人断言人性无法改变。如果他们指的是人性在6岁以后不能改变，那么也算说出了一些实情。如果他们认为人们对于婴儿生来就有的本能和反射无能为力，那么他们多多少少也是对的，尽管优生学在这方面已经取得，并可能还将取得可观的成果。但如果他们的意思是说（就像他们时常说的），根本无法培养出行为方式与现有群体截然不同的成年人群体，那他们就是在公然挑衅全部的现代心理学。假定有两个出生时性格相同的婴儿，不同的早期环境可能会使他们变成性情迥异的

第十九章 结论

成年人。早期教育的任务是训练各种本能,以使之产生和谐的品性——长于建设而非破坏,热情友善而非忧郁阴沉,勇敢、坦诚而且聪慧。对于绝大多数孩子而言,这些都是能够做到的;实际上,在孩子们得到正确培养的地方,这已成为现实。假如现有的知识都能得到利用,经过试验的方法都能切实推行,我们就能在一代人之内培养出几乎完全免于疾病、恶意和愚昧的群体。我们并未这么做,因为我们宁愿选择压迫和战争。

在大多数情况下,原生的本能既能导向善行,也能导向恶行。过去,人们不懂得训练本能,因而不得不求助于压制。惩罚和恐惧曾是实现所谓美德的巨大推动力。如今我们明白,压制是一种糟糕的方法,因为它从未真正奏效,而且还会引发精神错乱。对本能的训练则是一种完全不同的方法,包括截然不同的技巧。事实上,习惯和技能仿佛是本能的通道,引导本能随着通道流向不同的路径。通过培养正确的习惯和技能,我们就能使孩子的本能自行激发善行。孩子不会有压迫感,因为无须抵抗诱惑。他们也不会觉得受挫,因而感到无拘无束、自由自在。我并不是说情况会绝对如此;总会有一些意想不到的情况,这时旧方法可能会变得必要。但是,儿童心理学这门科学越完善,我们在幼儿园积累的经验越丰富,新方法就能应用得越完美。

我已经试着向读者介绍展现在我们面前的美妙前景。试想一下这意味着什么吧:健康、自由、幸福、仁慈、理智,所有这些几乎是普世性的。只要愿意,在一代人之内,我们就能打造一个大同之世。

但若没有爱,这一切便不过是镜花水月。知识已然存在,爱的匮乏却阻碍了它的应用。有时，对孩子的冷漠让我几近绝望——例如，当我发现我们那些被公认为道德高尚的领导者，几乎都不愿采取任何措施，去预防孩子在出生时染上性病时。然而，人们对孩子的爱正逐渐得到释放，这无疑是我们本能的冲动之一。过去数世纪的残暴专制，窒息了普通人性情中自然具有的仁厚之心。直到最近，许多基督徒才不再教人诅咒未受洗礼的婴儿。民族主义是另一种使人性泯灭的学说；欧战期间，我们使几乎所有德国儿童都深受佝偻病[①]的折磨。我们必须释放我们天性中的善良；若有某种学说要求我们让孩子饱受折磨，那就让我们摒弃它吧，无论它对我们来说多么珍贵。几乎在所有情况下，残忍信条的心理根源都是恐惧；这就是我如此强调要消除童年时期恐惧的原因之一。让我们根除潜藏在我们内心黑暗角落的恐惧。现代教育所带来的幸福世界的可能性，值得我们为此冒些个人风险，即使这种风险比曾经设想的更为真确。

如果我们能勉力培养年轻人免于恐惧和束缚，并将之从叛逆或受压抑的天性中解放出来，我们就可以在他们面前展现知识世界——自由、完整、毫无保留地，且没有任何被黑暗遮蔽的角落；并且如果我们给予的是明智的教育，对受教者来说教育就是一桩乐事而非一项任务。向职业阶层的孩子们传授比现在的常规内容更多的知识，这并不重要；重要的是冒险和自由

[①] 佝偻病是缺乏营养而引起的骨骼发育不良。"一战"期间，作为协约国主力的英国海军加强对以德国为首的同盟国海岸的封锁，杜绝一切外来物资的进入，致使德国生活物资严重不足，并殃及儿童。——译者注

的精神，以及一种即将踏上探索之旅的感觉。如果正式教育是本着这种精神进行的，一切较为聪慧的学生就会通过自身努力对此加以补足，人们应尽可能为这种努力提供各种机会。我们曾饱受自然力和破坏性激情的奴役，知识救我们于这种水火；若无知识，我们期盼的理想世界就永远只能遥望。在无畏的自由中接受教育的一代新人，将比我们拥有更宽广、更勇敢的盼望，因为我们仍须与蛰伏在我们潜意识中的恐惧作斗争，它们因迷信而产生，如影随形。不是我们，而是我们所要创造的自由儿女，必将看到那个崭新的世界，先是在他们的期冀里，最终则是在现实的璀璨辉光里。

　　前进的道路已如此了然。我们对孩子的爱足以使我们踏上这条路吗？还是任凭他们再遭受我们曾经历过的苦难？我们应该任凭他们在年轻时饱受折磨、压制、恐吓，然后在他们因理智太纤弱而无法规避的无谓战争中丧生？自古因袭的滔滔不绝的恐惧阻断了通往幸福和自由的道路。但爱能够战胜一切恐惧。只要我们爱自己的孩子，我们就有能力将这上好的礼物赠给他们，这世上，没有任何东西能够将我们阻挡。